Lead Like Jesus
Lessons from the Greatest Leadership Role Model of All Time
The Center for Faithwalk Leadership

史上最高の模範的リーダーから学ぶ
6週間スタディガイド

JN140405

ケン・ブランチャード
フィル・ホッジズ
フィリス・ヘネシー・ハルバーソン

LEAD LIKE JESUS REVISITED by Ken Blanchard, Phil Hodges and Phyllis Hendry

Copyright © 2022 The Center for Faithwalk Leadership dba Lead Like Jesus

Published by arrangement with HarperCollins Christian Publishing, Inc. through Tuttle-Mori Agency, Inc., Tokyo

目次

序文 1

はじめに 3

第1週　リーダーシップに関する聖書的見地: 有能なリーダーの心 7
第1日 – リード・ライク・ジーザス（イエス様のように導く）とはどういう意味か? . . . 8
第2日 – 心の中から始まる変化の旅 12
第3日 – 有能なリーダーの心 20
第4日 – イエス様のように人を導きたいのに、心が追いつかない 24
第5日 – 変えられた心 30

第2週　リーダーが持つべき精神的な習慣 39
第1日 – 神様からの無条件の愛を受け入れて従う 40
第2日 –「1人の時間」を習慣化する 45
第3日 – 祈りの習慣 49
第4日 – 聖句を知り、適用させる習慣 54
第5日 – 支え合う人間関係を保つ習慣 62

第3週　有能なリーダーの「頭」 67
第1日 – あなたは誰に従っていますか? 68
第2日 – イエス様の絶対的なビジョン 74
第3日 – あなた自身の絶対的なビジョンを作る 78
第4日 – チーム・組織の絶対的なビジョンを作る 84
第5日 – あなたの絶対的なビジョンを実践に移す 91

第4週　有能なリーダーの「手」　パート1 99
第1日 – パフォーマンス・コーチとしてのリーダー 100
第2日 – 大工の仕事 104
第3日 – 大工の仕事の進め方 108
第4日 – 新人に必要なこと 113
第5日 – 練習生に必要なこと 118

第5週 有能なリーダーの手 パート2 123
- 第1日 – 修了生に必要なこと 124
- 第2日 – 指導者／教師に必要なこと 128
- 第3日 – EGOの要素 133
- 第4日 – 4つの学習段階にあるEGO要素 141
- 第5日 – 「ごめんなさい」が持つ力 146

第6週 有能なリーダーの行動習慣 151
- 第1日 – 神様に従う習慣、神様の愛を示す習慣 152
- 第2日 – 恵みの習慣 156
- 第3日 – 赦す習慣 160
- 第4日 – 励ます習慣 165
- 第5日 – コミュニティの習慣 169

付録　祈り 173

参考文献 177

著者紹介 179

リード・ライク・ジーザスについて 181

次のステップ 182

序文

あなたはリーダーですか？

この質問に挙手で回答してくれるようにお願いすると、毎回、すぐに手を挙げる人と、まったく反応しない人が見られます。それはなぜでしょう？
　　そこには、リーダーに対する個人的な定義とイメージが関係しているように思われます。リーダーという言葉を聞くと、多くの人は大統領、マネージャー、コーチ、将軍、牧師、取締役、指揮官など組織内で正式な役職名がある人のイメージを思い浮かべます。そこに、自分の周りで起きていることや人生のあらゆる側面における行動や考えに大きな影響を与える日常的なリーダー像が含まれることはほとんどありません。

　人生の中で、あなたの考え、行動、人生の行路に最大の影響を与えた人々について考えてみてください。多くの人のように、そのリストに家族のメンバーや友人が入っていますか？　そうだとすれば、正式な役職名や権力のある立場のリーダーは、リーダーのごく一部に過ぎないことが、すぐに分かりますよね。

　リーダーシップとは、影響のプロセスです。どんな時でも、あなたがゴールや目的を達成するために他者の考え、行動、成長に影響を与えようとしているなら、あなたはその瞬間にリーダーシップに携わっているのです。

　リーダーシップとは、愛する人に対する導きと励ましの言葉のような情緒的なことでもあれば、組織全体に対する運営上の指示といった機械的なことでもあり得ます。

　下記の状況にいる人はどんな人でも、リーダーシップを発揮する行為に携わっています。すべての状況において、行動するか否かの選択を通して、あなたは影響を与えています。ここに記された状況は、奉仕型のリーダーシップの資質を示しているものもあれば、利己的なリーダーシップを示しているものもあります。

- 小さな子供のいる親
- 怒りを買うリスクを冒してでも、友人の道徳的な過ちを指摘する人
- 嫌われることを恐れ、議論の的になるような問題についての教えを避ける地元の牧師
- 自分に競争力をもたらすであろう企業の内部情報の受取りを拒否する企業幹部
- 危険な状況へ踏み込む隊員に、その心構えをさせる軍司令官
- 生徒の心を好奇心で一杯にする中学校教師
- 脳卒中の患者の怒りに対し、根気よく対応するリハビリ看護師

- スター選手のルール違反を指摘できない高校コーチ
- 年老いた親の生活環境についてアドバイスする成人した子供
- 有権者に人気のない政治的懸案について、自らの信条を元にそれを推進する役人
- 餓死寸前の国民を前に大金を貯めこむ独裁者

　ここに挙げたリーダーは、どのように、何のために自分の影響力を使うかという点において、個人的な選択をしています。あらゆる人間関係の中で影響を及ぼす状況に置かれた時、私たちも同じ選択を迫られます。あなたは、周囲に奉仕することを望みますか、それとも奉仕されることを望みますか？

　この質問に対し、イエス様は一点の曇りもなく、どんな時でも「奉仕」しなければいけないと答えられました。イエス様が教え、そのモデルとなったサーバント・リーダーシップ（訳注：組織に奉仕し、そこから人を導くスタイルのリーダーシップ）は、イエス様の弟子たちが生きた一世紀の日常生活のあらゆる場面で実践されていた利己的なリーダーシップとは根本的に異なるものでした。そこで弟子たちに求められたのは、イエス様は真理を語られると信頼すること、またイエス様は進むべき道に導いてくれると信頼することでした。今日、イエス様に従う者として、イエス様は私たちに同じことを求められています。私たちの周りの世界が提唱するモデルとは際立って対照的なリーダーシップを執ることが求められているのです。私たちは、この質問に対する答えを出さなければなりません。私たちは誰に従うのでしょう？　私たちは、どのように導くのでしょう？

はじめに

リード・ライク・ジーザス改訂版スタディガイドを始めるにあたり、まずはこの質問に答えてください。なぜ？　あなたはなぜ、イエス様のように導くことについて学ぶことを考えているのですか？

下記の文章を読んで、あなたが本スタディガイドの利用を検討している理由をよく表しているものにチェックを入れてください。

_____ 好奇心。クリスチャンとして、イエス様をリーダーとして考えたことはなかったから

_____ 必読書として読まなければならないから

_____ 他のリーダーシップモデルと比べて、イエス様のように導くという選択肢を考慮するため

_____ キャリア・アップの一助として、よいリーダーになるため

_____ 教会の男性グループを導くので、そのための新しいアイディアを見つけるため

_____ 仕事で苦労している配偶者の助けを見つけるため

_____ リーダーとして苦労しており、どんなことでも試してみたいから

_____ 自分の指導法を含め、言動のすべてにおいて、よりイエス様に近づくため

_____ 自分のビジネスにクリスチャン的リーダーシップ論を盛り込む方法を学ぶため

_____ 共通の目標や目的の達成に向け、自分が導いている人たちの能力を向上させるため

_____ 自分の精神生活と仕事生活の間の不一致を解消する方法を学ぶため

真理であるなら、それは重要である

　イエス様は言いました。「すべて、疲れた人、重荷を負っている人は、わたしのところに来なさい。わたしがあなたがたを休ませてあげます。わたしは心優しく、へりくだっているから、あなたがたもわたしのくびきを負って、わたしから学びなさい。そうすればたましいに安らぎが来ます。わたしのくびきは負いやすく、わたしの荷は軽いからです。」（マタイの福音書11:28-30）

　私たちに与えられた至高の目的は、神様の栄光を表すことです。この目的を達成するため、すべてのことにおいて、何が正しく何が機能することか、イエス様はその両方を教えてくださいます。イエス様がリーダーシップについて教えた時も、それは同じでした。人々を導く方法についてイエス様から学びたいと私たちが望む中で、イエス様は最も素晴らしいギフトを約束してくださっています。それはすなわち、魂の平安です。

イエス様は師であると同時に教えそのものです。イエス様は、自分のところに来て、最も素晴らしいギフトである魂の救いを受け取るよう、すべての人を招いています。しかし、私たちは、強制的に行かされるのではなく、自分から進んでイエス様の元に行かなければいけません。奉仕の内容がどれほど限られたものであるとしても、イエス様は、自分に従う準備ある人を受け入れてくださいます。私たちはイエス様のくびきを恐れる必要はありません。イエス様の教えは神聖で、公正で良いものです。私たちはイエス様に自らを明け渡さなければなりません。しかしそこには困難が伴います。それでも、心の中に与えられる平安と喜びによってその苦しみは十分に報われます（この世的な意味においてすら、報われます）。イエス様のくびきは、愛に縁どられたくびきなのです。

イエス様がくださる助けはとてもパワフルです。だからこそ、励まされるのです。だからこそ、神様の栄光を表すという務めの中で慰めがもたらされるのです。そして私たちは、そのくびきが重荷でないことを真に理解するのです。神様の栄光を表すという務めは私たちに安らぎを与えるのです。イエス様の教えるこのような真理は、私たちの魂を賭けられるものなのです。[1]

自力で物事を理解しようとすることに疲れていませんか？ リーダーとしての役割が、喜びを奪う重荷になっていませんか？ リーダーシップにおける最高の師の招きを受け入れ、長所も短所も含め、ただありのままの姿で来て、教えを乞う準備はできていますか？ あなたの答えがYesなら、しばし頭を垂れ、その思いをイエス様に伝えてみてください。

私たちの希望

私たちは、これまでとは全く違った方法で、あなたにイエス様を体験していただきたいと望んでいます。それは、あなたが周りの人たちを導こうとする時に、あなたが倣うべき完璧な存在としてイエス様を信頼する、そしてそうなれるように成長するという体験です。イエス様のように導くことの本当の鍵は、箴言3:5-6にあります。「心を尽くして主に拠り頼め。自分の悟りにたよるな。あなたの行く所どこにおいても、主を認めよ。そうすれば、主はあなたの道をまっすぐにされる。」

どのように導くべきか、という点において、イエス様は非常に明確です。イエス様は、効率的で敬虔なリーダーとして、あなたが世界に変化をもたらすことを願っています。私たちの祈りと希望は、この『リード・ライク・ジーザス　6週間スタディガイド』が、そのようなリーダーになるあなたの個人的な旅路において、心躍る新たな第一章となることです。本スタディガイドは、イエス様の「私についてきなさい」という呼びかけに対するあなたの応答を導くもの、そして奉仕型リーダーシップの理念を行動に移す際の手引書です。

あなたに正式なリーダーの役割がなくても心配しないでください。この理念は、配偶者、子供、友人、協力者、同僚、顔見知りの人たちとの人間関係に適用できます。本プログラムは、複雑なリーダーシップの哲学を知的に追求するものではありません。これは聖書の真理をさらに実践的に適用するためのガイダンスです。私たちはあなたに今までとは違う考え方をして欲しいと思っています。しかし同時に、あなたと究極のリーダーであるイエス・キリストとの関係によって治められるライフスタイルを実践して欲しいのです！

このスタディガイドの内容

本スタディガイドは、毎日の学びというスタイルを取っています。そうすることで、私たちが提唱する理念を、日常生活の中でスムーズに活かせるように設計されています。私たちの学びは包括的です。すなわち、あなたのモチベーション、リーダーとしての観点、行動、習慣から始まり、リーダーとしてのあなたの役割に至るまで考察していきます。その過程で、自身のリーダーシップへ

の精査が求められます。自身のリーダーシップを見る中で「まだ実現はできていないけれど、こうなって欲しい」という考えや、あなたの現在の、またこれまでのモチベーション、態度、行動、信念を元に考えようとする誘惑に負けないでください。あなたがそこで見出した真理は決して美しいものではないかもしれません。しかし、イエス様は「真理はあなたがたを自由にします」（ヨハネの福音書8:32）と言いました。誠実に、またイエス様の中で、神様の無条件の愛と赦しという究極の表現を受け取ることができるという知識をもってあなたの抱えている真理に直面する時、あなたは自由になれるのです。

　毎日の学びは、下記の要素から構成されています。

今日の引用　学びを始めるにあたり、正しい方向に進めるように助けてくれる名言

今日の御言葉　何よりもまず神様の御国を求めるという姿勢の中で、知恵と方向性の源として聖句に触れます。心、精神、身体、霊において、クリスチャンはどのようにこの世とは違う生き方をするべきか、ということを、聖書は具体的に語ります。その聖句に触れた時、私たちはなぜ？ではなく、どうやって？という答えを求めるようになります。

内省の時間　学びの中で提案された概念について考える機会です。その概念に対するあなたの考えを書き記しましょう。

今日の祈り　イエス様の習慣に倣い、祈ることを私たちの最終手段ではなく初期対応にしましょう。聖霊が私たちの考えを導いてくださるようお招きし、時間を取ってその日の祈りを読み、自分の祈りとして神様に捧げます。

今日のテーマ　このスタディガイドの元となっている『改訂版　イエス様のように導く　史上最高のリーダーから学ぶ（Lead Like Jesus Revisited: Lessons from the Greatest Leadership Role Model of all Time）』（ケン・ブランチャード、フィル・ホッジズ、フィリス・ヘネシー・ハルバーソン著）からの抜粋を読みます。

さらに深く　様々な学習ツール、質問、練習などを使って、これまでのリーダーシップにおけるモチベーション、行動、習慣などを細かく探り、「イエス様のように導く」ことと、そうした要素がどのように対比されるかを探ります。

キーコンセプト（その日の学びから帰納的に導かれる重要な考え方）
　イエス様のように導くことを理解する中で、自力では達成不可能でも、聖霊の導きと共に実践が求められている、重要な原理、概念、妥協の余地がない確固たる教えを見出します。

今日の熟考ポイント　その日の学びから、一日を通して考え続けるべきポイント

次のステップ　イエス様のように導くことは、一歩一歩、一刻一刻、イエス様と共に歩む生涯の旅です。それぞれのレッスンの終わりに、あなたが取るべき次のステップについて、祈りと共に考えます。

このスタディガイドから最大の効果を得るにはどうすれば良いでしょう？

1. 本スタディガイドを通して日々神様と出会い、洞察力が得られるように祈ってください。それぞれの学びの中で、神様があなたの人生をどのように導いておられるのかを感じましょう。
2. その日その日の学びに集中し、学んだことをあなたの人生に適用してください。リーダーとしてのあなたの行動とモチベーションを変えるような、なるほど！というアイディアを書き出しましょう。イエス様の模範に倣うために、どのように自分のリーダーシップを調整できるのか、自身に問いかけてください。
3. 今週はどんな進歩があったかということを振り返り、あなたの人生やあなたが導く人たちの人生における神様の働きを見出してください。
4. なるほど！と思ったアイディアと関連した行動を取るための手段や計画をリストアップする日記をつけてください。さらに、学んだことを実践に移す明確な方法も書き出しましょう。

　学びについてグループで分かち合う、あるいは毎週スタディ・パートナーと会って話すようにすると、こうした理念への知識や日々の生活への適用が倍増します。周囲との関わり合いがなければ、イエス様のように導くことを学ぶことはできません。スモールグループが無理なら、一緒に勉強してくれる人を数名見つけてください。

　「リーダーの模範はイエス様であると信じる」ことを学ぶにつれて、あなたが仕事場や家庭内で喜びを回復させる活性剤になることを望んでいます。そうすれば、ビジネス、非営利団体、コミュニティ、教会、家庭など、あなたがどのような場所で導いていようともあなたはイエス様を微笑ませることができます。いつの日か、あらゆる場所で、あらゆる人が、真にイエス様のように導いている誰かと出会う…。それが、リード・ライク・ジーザスのミニストリー（LeadLikeJesus.com）のビジョンなのです。神様は、自分に従いなさいと招いてくださっています。その神様に近づくよう、共に前進しようではありませんか。

今日の熟考ポイント

　こんな状況を想像してください。あなた、イエス様、このスタディガイドの著者たちが一緒に座って、神様が望まれるリーダーシップについて話しています。その中で、師であるイエス様が弟子たちにしたのと同じように、「イエス様のように導く」ことがあなた自身の経験に繋がるよう、あなたは質問され、課題を出され、話や例を聞かされています。そのようにして本スタディガイドに向き合う中で、聖霊をお招きしてください。聖霊様があなたが学んだことを適用するための新しい洞察や新しい観点を持てるようにしてください。さあ、イエス様のように導くことを、共に学んでいきましょう！

第1週

リーダーシップに関する聖書的見地
有能なリーダーの心

今週の暗唱聖句

「あなたがたの間では、そうではありません。あなたがたの間で偉くなりたいと思う者は、みなに仕える者になりなさい。あなたがたの間で人の先に立ちたいと思う者は、あなたがたのしもべになりなさい。人の子が来たのが、仕えられるためではなく、かえって仕えるためであり、また、多くの人のための、贖いの代価として、自分のいのちを与えるためであるのと同じです。」
(マタイの福音書20:26–28)

ようこそ、そしてイエス様のように導くための旅路を共に歩んでくださることに感謝します。今週は基本的な情報を学ぶことから始めます。

この学びを元に、来週から、リーダーシップに繋がるイエス様の心(Heart)、頭(Head)、手(Hand)、習慣(Habit)を見ていきます。「イエス様に従う者として、イエス様のように導こう」というあなたの努力は、私たちが主と呼ぶ方にあなたが従順である証です。どのように人々を導き、どのようにお互いが仕えあうか。その方法はイエス様のように導くこと以外ありません。

十二使徒たちにも、現代の弟子たちにも、イエス様はこれ以外の方法を与えられませんでした。イエス様に従うことで実に魅力的なことのひとつは、いかなる状況においても、イエス様は私たちを1人で行かせたり、誤った計画と共に行かせたりしないことです。すべての点において、イエス様はリーダーシップについて正しく効果的なことを語られます。

イエス様が「しなさい」と言われることは、私たちが実行できることなのです。そして私たちは、なぜ？ ではなく、どうやって？ と問いかけながら、行動するのです。

準備はできましたか？ では、始めましょう！

第1週

第1日 | 1.

リード・ライク・ジーザス（イエス様のように導く）とはどういう意味か？

今日の引用

「だから、イエスに従う者として、どんな状況でもイエスとイエスからの指示を信頼できる。また、リーダーシップにおける私たちの役割を含むすべてのことに関する知識を与えてもらうよう、大胆にイエスに願うことができるのだ。」[1]

ケン・ブランチャード、フィル・ホッジズ、
フィリス・ヘネシー・ハルバーソン

今日の御言葉

「さて、私たちのためには、もろもろの天を通られた偉大な大祭司である神の子イエスがおられるのですから、私たちの信仰の告白を堅く保とうではありませんか。私たちの大祭司は、私たちの弱さに同情できない方ではありません。罪は犯されませんでしたが、すべての点で、私たちと同じように、試みに会われたのです。」（ヘブル人への手紙4:14-15）

内省の時間

今日の御言葉では、あなたの人生を導くことに関係したい、という神様の望みの一端が表されています。この聖句について熟考し、神様があなたの人生に関与することを受け入れるのか、拒否するのかを表明すべく、神様に短いノートを書いてください。その内容について説明してください。

_____
_____
_____
_____
_____
_____
_____
_____

今日の祈り

毎朝、新しい愛と憐れみをくださる不変の神様、あなたがすべての知識の源であり師であるという真実を理解し、その真実に生きられるように私を助けてください。あなたの御名を称える方法で生き、人々を導けるよう、私を助けてください。イエス様の御名によって、アーメン。

今日のテーマ

リード・ライク・ジーザス（イエス様のように導く）とはどういう意味か？

イエス様のように導くことの本質、その中心概念は、イエス様が弟子たちに「あなたがたの間では、そうであってはならない」と命令されたことに要約されています。この言葉は、弟子たちがどのようにリーダーの役割を遂行するのかということを指しています。マタイの福音書20:25-28にはこうあります。

> 「そこで、イエスは彼らを呼び寄せて、言われた。『あなたがたも知っているとおり、異邦人の支配者たちは彼らを支配し、偉い人たちは彼らの上に権力をふるいます。**あなたがたの間では、そうではありません。**あなたがたの間で偉くなりたいと思う者は、みなに仕える者になりなさい。あなたがたの間で人の先に立ちたいと思う者は、あなたがたのしもべになりなさい。人の子が来たのが、仕えられるためではなく、かえって仕えるためであり、また、多くの人のための、贖いの代価として、自分のいのちを与えるためであるのと同じです。』」（強調箇所は追記）

私たちが永遠に健全でいられるよう、神様の無条件かつ犠牲的な愛が私たちに注がれています。そしてその事実が御言葉によって表現されていると、私たちは信じることができます。ですから、イエス様に従う私たちは、どんな状況においても、イエス様とイエス様からの指示を信頼できるのです。また、リーダーシップにおける私たちの役割を含むすべてのことについて、自由にイエス様に知恵を求めることができるのです。ずいぶんと深い意味を持つ、大層なことに聞こえますか？　そう、その通りなのです！

ヤコブの手紙1:2-8（新改訳とPHILLIPS訳の和訳、強調箇所は追記）は、イエス様が私たちの生活のあらゆる側面に深く関わりたいと思っていらっしゃることを思いださせてくれます。

> 「私の兄弟たち。さまざまな試練に会うときは、**それらを乱入者として憤るのではなく、友として迎え入れなさい！**　信仰が試されると忍耐が生じるということを、あなたがたは知っているからです。その忍耐を完全に働かせなさい。そうすれば、あなたがたは、何一つ欠けたところのない、成長を遂げた、完全な者となります。**その過程で、もし独自の問題にどう向き合えば良いのか分からない場合、馬鹿にされたように感じさせたり、罪悪感を感じさせることなくすべての人に寛大にお与えになる神にただたずね求めなさい。そうすれば、必要な知識は与えられます**（あなたがたの中で知恵の欠けている人がいれば、だれにでも惜しみなくとがめだてしないでお与えになる神に**願いなさい。そうすれば、与えられます**）　ただし、少しも疑わずに、信じて願いなさい。疑う人は、風に吹かれて揺れ動く、海の大波のようです。そういう人は、主から何かをいただけると思ってはなりません。そういうのは、二心のある人で、その歩む道のすべてに安定を欠いた人です。」

第1週-第1日

神様は、私たちの人生劇場におけるただ1人の大切な観客です。加えて、私たちの生活の監督者でもあります。私たちが神様にお委ねするなら、神様は私たちが絶対的に正しいことをするように導いてくださいます。あなたが人々を導く時に、神様の指示、導き、教えを受け入れること。それが私たちの願いです。

さらに深く

　マタイの福音書20:25-28を復習しましょう。異邦人のリーダーシップの本質とイエス様のリーダーシップの本質を、イエス様はどのような言葉によって区別されていますか？
_____
_____

　他人とは違う在り方や行動を求めるこのイエス様の呼びかけは、現代のクリスチャンにどのように関係していますか？

_____ クリスチャンは、他のクリスチャンと関わる時のみ、イエス様の命令に従うよう呼びかけられている。ノンクリスチャンと関わる時は、この世的な在り方を取り入れても良い。

_____ クリスチャンはすべての関係において、特にノンクリスチャンとの関係において、イエス様の指示に従うよう呼びかけられている。それは、ノンクリスチャンの多くが、自分はクリスチャンであると主張する人との関わりを通して神様に関する見解を学ぶからである。

_____ イエス様がこのことについて言及したのは、物事がシンプルであった2000年以上前のことである。よって、この内容は現代には通用しない。

　イエス様が、仕事であなたのようなリーダーの役職にいたら、それはあなたのやり方とどう違うでしょうか？　異なる点を3つ挙げてください。

1. _____
2. _____
3. _____

　現在のリーダーとしての役割以外に、父親、母親、教会の指導者などのあなたの役割を考えてみてください。イエス様のリーダーシップはあなたのやり方とどう違うでしょうか？　異なる点を3つ挙げてください。

1. _____
2. _____
3. _____

キーコンセプト

- 神様を称えるという究極の目的を果たすため、あなた、また、あなたを通して、そしてあなたのリーダーシップ、また、あなたのリーダーシップを通して、イエス様は働きたいと思っておられる。以下の聖句が示すように、イエス様の約束を信じるという選択によって変わりなさいと、イエス様はあなたに呼びかけている。

「イエスは彼らに言われた。『わたしについて来なさい。あなたがたを、人間をとる漁師にしてあげよう。』」マタイの福音書4:19

「すべて、疲れた人、重荷を負っている人は、わたしのところに来なさい。わたしがあなたがたを休ませてあげます。わたしは心優しく、へりくだっているから、あなたがたもわたしのくびきを負って、わたしから学びなさい。そうすればたましいに安らぎが来ます。」マタイの福音書11:28-29

「わたしはぶどうの木で、あなたがたは枝です。人がわたしにとどまり、わたしもその人の中にとどまっているなら、そういう人は多くの実を結びます。わたしを離れては、あなたがたは何もすることができないからです。」ヨハネの福音書15:5

「もしあなたがたがわたしを愛するなら、あなたがたはわたしの戒めを守るはずです。わたしは父にお願いします。そうすれば、父はもうひとりの助け主をあなたがたにお与えになります。その助け主がいつまでもあなたがたと、ともにおられるためにです。その方は、真理の御霊です。……」ヨハネの福音書14:15-17

今日の熟考ポイント

イエス様のように導くことの意味を、あなたが自身の心(Heart)、頭(Head)、手(Hand)、習慣(Habit)に適用するならば、あなたのリーダーシップは、イエス様によって大きく変えられるスタート地点に来ています。私たちはそう信じます。

次のステップ

毎日の意思決定におけるガイダンスの源として、あなたは、イエス様との個人的な交わりを求めることができます。どのようにして、イエス様と個人的な交わりを持ちますか？

その方法を、下欄に３つ挙げてください。

1. _____
2. _____
3. _____

第1週

第2日 | 2

心の中から始まる変化の旅

今日の引用

「イエス様のように導くことを学ぶのは、単にそれを宣言する以上のことだ。それは、他とは異なる方法で導くことに対するあなたのコミットメントである。この変化は一晩で起こるものではない、……イエス様のように導くことは、変革を起こすプロセスである。それは自分を導くことから始まり、次に一対一の関係で他者を導き、そしてチームやグループを導き、そして最終的に組織やコミュニティを導くのである」[2]

ケン・ブランチャード、フィル・ホッジズ

今日の御言葉

「もしあなたがたがわたしを愛するなら、あなたがたはわたしの戒めを守るはずです。わたしは父にお願いします。そうすれば、父はもうひとりの助け主をあなたがたにお与えになります。その助け主がいつまでもあなたがたと、ともにおられるためにです。その方は、真理の御霊です。世はその方を受け入れることができません。世はその方を見もせず、知りもしないからです。しかし、あなたがたはその方を知っています。その方はあなたがたとともに住み、あなたがたのうちにおられるからです。わたしは、あなたがたを捨てて孤児にはしません。わたしは、あなたがたのところに戻って来るのです。」（ヨハネの福音書14:15-18）

内省の時間

今日の御言葉では「～ならば、こうなる」という文章が重要な要素となっています。私たちが求めている「こうなる」という最終的な結果とは何でしょうか？

_____
_____

その願望は、どんな条件下で満たされるでしょうか？（「～ならば」の文章を見てください）_____
_____

あなたにとって、より難しいことはどちらですか？ イエス様の条件に従って生きることですか？ それとも聖霊の導きを受け入れることですか？ 下欄にあなたの回答を説明してください。

_____
_____

今日の祈り

　全人類を愛される方、私の魂を愛される方。私も、あなたのように人々を導きたいです。リーダーシップをとる時に、何よりもまず、あなたの似姿に近づけるように助けてください。そのことを通し、私の心に感謝があふれ、周囲の人々があなたを見ることができますように。イエス様の御名によって、アーメン。

 ## 今日のテーマ

　良くも悪くも、程度の差はあれ、変革は人との関わりの中で起こります。もちろん、主権を持つ神様は、あなたの益となるように、そして神様の栄光のために変換のプロセスを監視され、その中であなたが導く人々を神様のツールとして用いられます。では、私たちが誰を導くのかということを見ていきましょう。下記の図が示すように、まずは自らを省みることから始めましょう。イエス様のように導くことの核心にあるのは、あなたの影響力が及ぶ全領域において自らを省みることです。あなたを導けるのはイエス様だけであるという事実を受け入れなければ、あなたはイエス様のように導くことはできません。ヨハネの福音書5:19で、イエス様はこの真実を証明されました。「まことに、まことに、あなたがたに告げます。子は、父がしておられることを見て行う以外には、自分からは何事も行うことができません。父がなさることは何でも、子も同様に行うのです。」考えてみてください。飛行機で機内安全の説明を聞く度に、まずは自分自身の対応をするという原則を聞きます。客室乗務員は、他の誰かにマスクを着用させる前に、自分の酸素マスクを着用するようにと言います。この原則は、リーダーシップでも同じです。それでは、あなたが影響を与える範囲について、注意深く見ていきましょう。

第1週 - 第2日　13

自分自身を導く

イエスのように導くことを望むリーダーたちは、先ず次の2つの質問に答える中で、自省する必要があります。

1. 自分は誰のものなのか？
2. 自分は何者なのか？

自分は誰のものなのか？ という質問への答えは、あなたの人生における最高権威と、その人生劇場の主賓が誰であるかを明らかにします。あなたの最高権威と主賓とは、あなたが信頼し、また何よりも目を配るものです。この質問に対するあなたの答えは、すべてを変えます。あなたがイエス様に従うことを決めたのであれば、あなたはあなた自身のものではありません。あなたは自分や他人を満足させるために生きているのではありません。人生における決定のすべてにおいて、イエス様が唯一の権威で、唯一の観客になるのです。

自分は何者なのか？ という質問（健全な自己分析に対応する2つ目の質問）に対する答えは、あなたのアイデンティティと人生の目的を明らかにします。エペソ人への手紙2:10に「私たちは神の作品であって、良い行いをするためにキリスト・イエスにあって造られたのです。神は、私たちが良い行いに歩むように、その良い行いをもあらかじめ備えてくださったのです。」と、書いてあるとおりです。神様があなたのために与えた目的と計画の元にあなたは生まれ、その目的を完遂する存在として、完璧に造られたのです。あなたの中核を成すアイデンティティは、私たちの代わりに十字架にかけられたイエス様の赦し、助け、そして贖いの業に根差しているのです。

聖書は、あなたのアイデンティティに関する説明であふれています。愛されている者（コロサイ人への手紙3:12）、不法を赦され、罪をおおわれた人たち（ローマ人への手紙4:7）あなたがたを選び出した（ヨハネの福音書15:19）、王である祭司（ペテロの手紙第一2:9）、ひとみ（詩篇17:8）、世界の光（マタイの福音書5:14）、キリストとの共同相続人（ローマ人への手紙8:17）、わたしの友（ヨハネの福音書15:14）、などなど。ルカの福音書19:10の「人の子は、失われた人を捜して救うために来たのです。」というイエス様の言葉は、自らに課された目的へのコミットメントを示しています。

あなたの人生の最高権威として、あなたの人生劇場の主賓として神様を選び、そして聖書に示された己の本性を信じることは、あなたの考えを変えるでしょう。**自分は誰のものなのか？ 自分は何者なのか？** という質問に対する答えは、あなたの観点を一変させ、その新たな観点から、あなたは他者を導くのです。

さらに深く

「これまで、自分は誰を満足させようとしてきたのか？」という質問に対し、正直に答えてください。下記の選択肢から選んでチェックをつけてください。

____ 上司	____ 同僚	____ 隣人
____ 配偶者	____ 友人	____ 両親
____ 子供達	____ 神	____ 自分自身

他者を導く

荒野を去った後、すなわち御言葉に立ってサタンの誘惑に抵抗し終わった後、イエス様はご自身がその後三年間導く予定の人たちを召し、彼らの教育に命を注ぎました。イエス様のように導くにあたり、あなたに課された最初の試練は、他者を導くことです。それは、毎日一緒に働いている誰かかも知れませんし、あなたの子供かも知れません。そのテストで望まれる成果は、信頼の上に成り立つ人間関係です。

イエス様は三年の時間をかけて、弟子たちとの間に信頼の文化を築き上げました。ライフロール（訳者注：人生において担う役割のこと。例えば、人は生まれた瞬間から「子」という役割を担い、親が亡くなるまでその役割はずっと続く）の中にある信頼とは、親と子、夫と妻、兄弟姉妹、友人と仲間の間に流れる繊細さ、思いやり、約束、そして恵みのことです。信頼のスタートは、お互いが仕え合いサポートし合うことにコミットする愛の心です。そこから、約束が守られ、励ましや感謝を表現し、サポートや賛同を表明し、悔い改めや謝罪を受け入れ、和解や回復をもたらすことで、信頼が成長していきます。しかし信頼は、壊れやすい生態学的均衡です。すなわち、一度信頼が傷つくと、回復には時間と努力が必要になります。

親密な関係や壊れてしまった信頼を回復したい。そのためにいつも働く力は、愛です。愛がなければ、私たちは何者でもなく、何も得ることはできません。

さらに深く

あなたが導く時、信頼を育てる方法を3つ書き出してください。

1. _____
2. _____
3. _____

あなたがリーダーシップをとる際、他者からの信頼を失う危険のある言動を2つ書き出してください。

1. _____
2. _____

あなたを導いてくれていた人物で、その人に対する信頼をなくした時のことを考えて下さい。どういう風に感じましたか？　どれ位の期間、そう感じましたか？　いつその人を赦しましたか？　それはなぜですか？_____

_____

_____

_____

小グループを導く

　イエス様は、弟子たちに力を与え、コミュニティを作りました。そして、弟子たちも同じようにしてくれると信じていました。有能なリーダーは、自分の存在が、自分が導く人たちのエネルギーと努力の源となる良い世話役でなければならないことを知っています。そうしたリーダーは多様性の力を重んじ、チームワーク力に敬意を示します。イエス様は弟子たちを2人1組で宣教に出しました（マルコの福音書6:7）。それはイエス様に力を与えられ、弟子たちがお互いサポートし合う中で、イエス様の代理として、トレーニングを受けた仕事を完遂できるようにするためだったのです。

　信頼なしに、こうした関係は築けません。また、コミュニティが生まれることも絶対にないでしょう。もし、グループ内の個人がお互いを信じられないのであれば、与えられた仕事を成し遂げるために励まし合うこともありません。チームを励ますことに失敗するリーダーは、非効率なチームが存在する主要因のひとつなのです。

　家族内でリーダーシップを執ることは、非常に難しい場合があります。特に、他者の利益を優先し、彼らに仕えるというリーダーの努力や希望が、リーダー自身の優先順位や火急の必要と真っ向から対立する場合です。例えば、娘が弟をからかっている様子を、父親が耳にしたとしましょう。（そこに介入したら会社に遅刻していまいますが）これは子供たちに教育できる絶好のチャンスですから、仮に仕事に遅れたとしても対応しなければなりません。家族内でのリーダーシップの成果は、愛ある人間関係が構築されることや時間のかかる人格形成といった見た目には分かりづらいものである傾向が見られます。

さらに深く

　仕事や家庭であなたが導く人たちは、次の状況におけるあなたのリーダーシップを、どう表現すると思いますか？

- 危機に陥った時
- 失敗した時
- 何かを勝ち取った時
- 満たされている時
- 必要がある時

　彼らの回答は、自分にとって好ましいものだと思いますか？　どのような自分の弱点を見出せると思いますか？　そして、そうした弱点を変えるために何をしたいと思いますか？

組織を導く

　より広い組織内レベルに影響力を持つリーダーの質を決めるのは、リーダーが影響を与える最初の三つの領域（自身、他者、小グループ）の中で培われた、変革された観点と信頼です。イエス様のように組織を導くことにより、すべての人間関係とあらゆる結果に影響を与える新しい文化が生まれます。リーダーは自分たちのことを気に

かけ、自分たちの成長を助けたいのだということを人々が理解すると、新しい信頼の文化とコミュニティが発達し、結果として、高い実績と人間として大きな満足感の両方が得られます。

　イエス様は、人間関係と成果の両方を評価し、それによって効果的な組織の文化を造りました。天の父がご自分のために用意された目的。イエス様はご自身の人生を、その目的に沿うようにしたのです。そして、最も大切な戒め（訳者注：マタイの福音書22:36-40）と大宣教命令を通して、弟子たちと彼らの組織における目的を明確に定めました。リーダーとしての影響力が及ぶ最初の三つの領域の中で、イエス様は弟子たちの働きについて訓練し、それから聖霊を送り、組織レベルで彼らを導いたのです。このプロセスは、使徒の働きで読むことができます。

　イエス様はこう言って、弟子たちを召しました。「わたしについて来なさい。あなたがたを、人間をとる漁師にしてあげよう」（マタイの福音書4:19）宣教の終わりには、こう言われました。「わたしは天においても、地においても、いっさいの権威を与えられています。それゆえ、あなたがたは行って、あらゆる国の人々を弟子としなさい。そして、父、子、御名によってバプテスマを授け」（マタイの福音書28:18-19）。

　イエス様は私たちにバトンを渡されました。どこで生活しようと、どこで仕事をしようと、影響を与える場所が家庭、教会、組織のどこであろうと、リーダーとしての最優先の任務は、イエス様のコアバリュー（重要な価値観）である愛を反映した文化を造ることです。人や組織が置かれた現状から、神様が望む場所へ導くこのような愛、そしてそのプロセスは、決して簡単なものではありません！

　イエス様のように導くリーダーには、組織にいる1人1人に対し、彼らを必要不可欠な一員として尊重する羊飼いであり召使いであることが求められます。このようなリーダーは、イエス様のコアバリュー、主義、実践的な働きを、組織内のトレーニング、方針、システムに組み込んでいきます。大きなトラブルが起きた時、組織内の弱点を調査する前に、自身のリーダーシップを検証する。それがリーダーという存在です。

キーコンセプト

- 効果的なリーダーシップはリーダーの心から始まる。

- イエス様のように誰かを導くことに取り掛かる前に、「自分の優先事項は、神様を喜ばせること」と決意する。

- 神様を喜ばせること、そして神様にあなたの人生を委ねることを決断すると、「すべての人間関係に神様の愛と恵みを取り入れ、神様を称えることに集中する」という価値観への変化が自然に生まれる。

- どれだけ潜在能力があっても、信頼がなければ、その最大限の可能性を引き出すことはできない。

- 信頼とは、壊れやすい環境バランスの中にある小川のようなもの。一旦汚染されると、修復には時間と努力が必要になる。

- 親密な関係や壊れてしまった信頼を回復したい。そのためにいつも働く力は、愛である。
- ライフロールにおける人間関係は、一生涯の忠誠と責任を基礎としている。そのため、失った何か、失った親密な関係や愛を取り戻そうとする時に、自身の能力やライフロールそのものに回復する力があるという事実に頼りすぎるという罠に陥ってしまう。ライフロールに基づく人間関係も、それはいつどのようにして終わるか分からないという事実に照らし合わせ、日々更新し、育むに値するものである。

今日の熟考ポイント

イエス様が使徒たちを招いた時、イエス様は彼らのことを、人間をとる漁師にすると約束されました。イエス様は、弟子たちだけでは、変化のプロセスを踏めないことをご存知でしたし、彼らだけでそのプロセスを歩むようにと伝えたり、そのように望んだりすることは決してありませんでした。

次のステップ

旅を始める時に、スタート地点を知っておくことは常に大切なことです！ 以下に示した評価内容は、あなたの現在地を見つけるものです。下の空欄にあなたの答えを書いてください。スタディガイドの学びに備えつつ、各セクションについて考え抜くには時間がかかるでしょう。しかし、時間をかけて考える価値はあります。

組織環境やライフロールに基づく関係の中でリーダーとして経験した、あるいは、何度も繰り返し起こる最も大きなチャレンジについて簡単にまとめてください。具体的な人間関係や状況を元に、そこで引き起こされた苦労、そしてあなたの葛藤の両方について書いてください。

_____
_____

これまで、リーダーの役割をどのようなものだと考えていましたか？

_____
_____

これまで、下記のような組織内でのリーダーシップについて、どのような基準でその成果を測ってきましたか？

直属の上司として _____
チームリーダーやグループリーダーとして _____
マネージャーとして _____
同僚やチームメンバーとして _____
上長や役員として _____

これまで、下記のようなライフロール内でのリーダーシップについて、どのような基準でその成果を測ってきましたか？

親として _____

配偶者として _____

兄弟姉妹として _____

隣人として _____

友人として _____

国民として _____

あなた自身のリーダーシップにおいて、あなたは何に焦点を当てていますか？

　　　____ 人間関係　　　　____ 成果

　　　　　____ どちらでもない　　____ 両方

この評価を通して神様が教えてくださったことをひとつ、簡単にまとめてください。

_____

_____

神様が語るあなたの姿が本当のあなたであると信じるならば、あなたのリーダーシップは、どのような形で変わってきますか？

_____

_____

_____

第1週

第3日 | 3 •••

有能なリーダーの心

今日の引用

「心とリーダーシップとに何の関係があるのか？ すべて、である！ 心にはあなたの『なぜ』が詰まっている。心があって、行動が生まれる。心は意思と動機が住むところ。それは、あなたがあなたでいるための原点なのだ。」³

ケン・ブランチャード、フィル・ホッジズ、フィリス・ヘネシー・ハルバーソン

今日の御言葉

「力の限り、見張って、あなたの心を見守れ。いのちの泉はこれからわく。」
（箴言4:23）

内省の時間

今日の引用と御言葉を呼んで、最初に何を思いましたか？

_____
_____
_____

それは、このようなことですか？
......冗談じゃない？？？ 愛？？？ 何にも知らないくせに！
...... リーダーシップに愛がどう関わるんだ？
......_____

自分の気持ちを書いてください

　現在、55,000冊を超えるリーダーシップに関する本が出版されています。昨年だけでも、リーダーシップに関する新書は、1,200冊も出版されました。それでも尚、『リード・ライク・ジーザス』がさらなるリーダーシップの方法を開発したのはなぜでしょう？

　リーダーシップ開発ビジネスが好景気であるにも関わらず、良いリーダーの傑出に失敗しているからです。この言葉を鵜呑みにせず、以下の統計を見てください。

バーナ社の最近の調査によると、リーダーシップの危機に直面していると感じているアメリカ人は、90％に上っています。身近なキリスト教界では、同じ調査を受けたクリスチャン60％近くが、自分たちを「リーダー」と見なしていますが、その内82％が、リーダーシップの危機に直面していると認めています。新しく就任した最高責任者の38％が、着任から1年半以内に仕事に失敗することをご存じでしたか？　驚くことに、彼らの失敗の要因は、学歴、経験、スキル、または最適性に欠けるといったことではありません。彼らの失敗はプライド、エゴ、短所など、もっと奥深い問題に起因しているのです。では、ここでの問題は何でしょうか？　そもそも、こうした脆弱で失敗しやすい傾向にあるリーダーシップ開発には、何が足りないのでしょうか？

今日のリーダーシップ危機の裏側にある第一の理由は、リーダーシップのトレーニングのほとんどが、方策やマネジメント技術を変えることに特化しており、リーダーシップで最も大切な特徴である、リーダー自身、彼または彼女の心、性格、誠実さに注目していないことであると、私たちは信じています。

今日の祈り

お父様、あなたは愛によって、私たちのためにあなたの御子イエス様を犠牲とするべく、送ってくださいました。あなたが私たちを愛してくださったように、私が周囲の人々を愛する方法を、どうぞ教えてください！　人々を導くのに、まずその人を愛せるよう助けてください。そしてその人々が、あなたが思われる通りの人になるように導けるよう、私を助け導いてください。愛するイエス様の御名によって、アーメン！！

今日のテーマ

ローマ人への手紙10:10を読むと、よく分かることがあります。「人は心に信じて義と認められ、口で告白して救われるのです。」つまり、心の中にあなたのイエス様に対する信仰があること、そして、イエス様が神様の御子であなたの救い主であるというあなたのその信仰が、すべてを変えるのです。A.W.トーザーの有名な言葉のとおり、「あなたに関して1番重要なことは、神様についてあなたが何を信じるか」[4]なのです。私たちが神様について何を信じるのか。それは、私たちが人生とその葛藤をどう切り抜けるのかという点に影響を及ぼします。

聖書で証明されているように、心の中の信仰があなたの「なぜ？」を動かし始めます。心はリーダーシップにとって非常に大切であることを、私たちは聖書から学びます。なぜなら、愛は心にあるからです（ペテロの手紙第一1:22）。また、心からお互いを赦し合い（マタイの福音書18:35）、御言葉が心に蓄えられ（ルカの福音書6:45）、聖書が心に置かれ（詩篇119:11）、そして心は、私たちが求め神様を見出す場所なのです（エレミヤ書29:13）。心には意思、決意、そして魂が含まれています。心はすべての願いや欲望がある場所です。私たちが何者であるかという本質です。ですから、力の限り、見張って、あなたの心を見守れ（箴言4:23）と教えられているのはもっともなことなのです。

一般的に、変化をもたらそうとするリーダーは、行動に集中してしまいます。しかし、心が変わらなければ行動は変わりません。前回、あなたがダイエットや運動する決意をした時のことを考えてください。あなたは行動に重きを置きましたね。今度こそやるぞ！　と。

しかし、なぜ変化を求めるのかという点に集中しない限り、実は何も変わりません。それがどのように特別な状況であれ、やる気を起こさせる原動力を覚えておくことが、行動の変化という結果を導くのです。変えられた心とは、変えられたリーダーのことです。

イエス様のように導くことは、心から始まる。これが真理です！

さらに深く

家庭や仕事での状況を考えてください。もし、あなたが愛を用いたら、その状況はどう変わりますか？ どのような形で変わると思いますか？

_____

_____

今日のすべての判断を愛に基づくものとするために、どのような方法が取れますか？

_____

_____

この愛は、優しく簡単な種類の愛ではありません。あなたが導く人たちは何をしてもいいし、戦略的思考を無視して結果への注意を怠っても構わない……。もちろん、違います！ そのようなリーダーでいることは簡単でしょうが、全く効果的ではありません。一方、イエス様のように導く、つまり愛をもって導くことは、とても難しいことなのです。あなたが自分の影響力下にある人たちを心から愛することが求められます。愛しているからこそ、今、彼らがいる場所から神様が彼らに望まれる場所へ移動する手助けをするよう求められるのです。そしてそのプロセスは、苦痛を伴うことがあります。

メディアではあまり見かけませんが、ここで言う愛はあなたの人生のコアバリューです。それは、あなたのリーダーとしての言動のすべてに影響を与えます。そして、すべてが失敗に終わった時にも、あなたはその責任は自分が取ると言えるのです。

コリント人への手紙第一13章には神様の愛が説明されていて、何が愛か、何が愛でないかを私たちに教えてくれます。イエス様のように導きたいリーダーとして、私たちには ── イエス様のように ── 私たちの行動のすべてに対する「なぜ」、「どのように」、「何を」を含む愛のコアバリューが必要です。

イエス様のようなリーダーとして人を導くにつれ、神様がすべての人を造ったこと、神様があなたを愛しているように、あなた以外のすべての人も愛していること、そして神様が彼らのための素晴らしい計画を持っておられるという事実を認めるようになります。イエス様が弟子たちになさったように、リーダーであるあなたは、他者との人間関係にコミットしなければなりません。イエス様は弟子たちを愛し、弟子たちに仕え、そのことを通し、彼らが神様が望まれるような人間に進化していく手助けをしたのです。

⭐ キーコンセプト

- 心が正しくないと、イエス様のように人を導くことは決してできない。
- 「あなたに関して1番重要なことは、神についてあなたが何を信じるか。」
  A.W.トーザー
- 心が変わるまで、行動は変わらない。
- 愛をもって導くには、あなたが影響を与える人たちを心から愛し、今、彼らがいる場所から神様が彼らに望まれる場所へ移動する手助けをすることが求められる。

💡 今日の熟考ポイント

イエス様のように愛するには、自分の言葉と行動の隙間を埋めていく繊細さと誠実さが必要です。あなたが導いている、愛する人たちに恵みと赦しを与えると同時に、彼らに責任感を持ってもらうことが必要になります。

▶ 次のステップ

家庭と職場での人間関係をひとつ、挙げて下さい。

1. 家庭 _____
2. 職場 _____

今週、それぞれの状況を向上させるために、愛をもって行動できることをひとつ、挙げてください。

1. 家庭 _____
2. 職場 _____

第1週
第4日 | 4 ••••

イエス様のように人を導きたいのに、心が追いつかない

今日の引用
「人は己に包まれていると、とても小さな存在になる。」[5]　　ジョン・ラスキン

今日の御言葉
「すなわち、私は、内なる人としては、神の律法を喜んでいるのに、私のからだの中には異なった律法があって、それが私の心の律法に対して戦いをいどみ、私を、からだの中にある罪の律法のとりこにしているのを見いだすのです。私は、ほんとうにみじめな人間です。だれがこの死の、からだから、私を救い出してくれるのでしょうか。私たちの主イエス・キリストのゆえに、ただ神に感謝します。ですから、この私は、心では神の律法に仕え、肉では罪の律法に仕えているのです。」（ローマ人への手紙7:22-25）

内省の時間
今日の御言葉が、あなたの心について明らかにしたことは何ですか？

_____

リーダーシップに対するあなたのアプローチにおいて、よりイエス様のようになるにはどうすれば良いと思いますか？

_____

_____

今日の祈り
完璧な模範であり、無私無欲の御方。あなたはどのように生き、導くべきかを示してくださいました。しかしそれはとても難しく、実行するのも大変です。忍耐をもって私と共に歩んでください。人々にイエス様のようなリーダーシップの本質を明らかにし、そうすることで、その人たちもその本質の中で歩むことを学べますように。イエス様の御名によって、アーメン！

今日のテーマ

あなたの心のEGO―神様を押しのける（Edging God Out）

　あなたはエゴをどのように説明しますか？　Egoという言葉は、自分という人間の重要性を信じているという状況でよく使われます。心から正直になりましょう。この惑星上で自分はこんなにも周囲から必要とされている！　と、明らかに自分を過大評価しているという人はいますよね。

　少し考えてみてください。下記の行動は、その人の自己評価について何を物語っているでしょう？

- 交通渋滞を避けるのに緊急車線を使う。
- 一週間分の買い物を、商品六個以下限定の特別レジへ持って行く。
- ATMを使う時、すぐに終わるからと消火活動専用・駐車禁止の標識のあるところに駐車する。
- 個人的な利益のため、地位や影響力を行使する。

　言いたいこと、分かりますよね？

　自分は優れた人間だ。そのように考えてよい存在として、イエス様ほどふさわしい御方はいないでしょう。しかし聖書は、その当時に一般的ではなかった、（そして今も一般的ではない）、謙虚さや奉仕者の態度を教えています。イエス様は尊敬、称賛、そして社会的栄誉を要求することもできました。しかし、恐怖や脅しによって人を導くことを拒否されたのです。

　今日は、あなたの人生とリーダーシップから神様を押しのける、すなわちあなたのこころのEGOの三つのポイントについて見ていきたいと思います。

神様のいるべき場所に他の物を置く

　神様のいるべき場所に他の物を置くことによって、礼拝対象の神様を押しのけてしまいます（EGO）。あなたにとって神様以外の何かが大切になると、「私は誰のものであるか？」という質問に対する答えが、（神様ではなく）常にその偶像になります。つまりあなたは神様以外の何かを礼拝しているのです。礼拝の対象は、物（金、家、車、ビジネス）、人（配偶者や子ども）または権力や他者から認められること、高評価を得ることへの欲望かもしれません。また、運動、スポーツ観戦、食べること、寝ること、インターネット検索等、中毒になり得る習慣も、EGOであり偶像です。あるいは、自分のことや自身の重要性を重視している自分を見出すかもしれません。ヨハネの黙示録2:1-7でイエス様はエペソの教会に対し、良い行いや不屈の努力を行っているにもかかわらず、彼らは「初めの愛から離れてしまった」（4節）と訴えています。彼らは、一度は心から崇拝していた神様に対する情熱をもはや持つことができなくなっていたのです。あなたが神様以外の何を崇拝しているとしても、そうした事柄に、人生から神様を押しのけるほどの価値はありません。

神様以外の何かを信じる

　EGOが入り込む２点目の要素は、自分の安心感と自尊心の拠り所を、神様のご性質と無条件・無制限の愛以外の何かにする時です。あなたの安心感と自尊心を自分自身の地位、

私生活や人間関係に置く時、あなたは一時的で不確かな何かに頼っているのです。そうではなく、確実で永遠であるものにあなたの信頼を置きましょう。すなわちそれは、あなたに対する神様のケアと知恵です。

神様以外の何かを、人生における唯一の権威者そして主賓として大切にする

EGOの第3点目は、あなたの日々の仕事や人生劇場で、主賓であり唯一の権威者という神様の地位を、他の物に置き換えることです。人生の舞台に立っているあなたは、誰に向かって演じているのですか？　神様は世界の基礎ができる前に、すでにあなたの物語を書かれました。もし、あなたが神様を自分の人生劇場の観客として、あなたの権威者として捉えるならば、あなたには、人生を通して神様の助言を受ける特権が与えられるのです。

さらに深く

先週を振り返り、日々の意思決定と行動に、どのくらい一貫してリード・ライク・ジーザスの原則を適用できたか、自己評価してください。アカウンタビリティパートナー（訳者注：あなたが約束した言動を行えたか、一緒に確認してくれる人）そしてお祈りのパートナーとなってくれそうな人たち（少なくとも1人は確保しましょう）に、あなたの行動プランをシェアしてください。

1. 生活と人間関係の中で、聖霊の働きに頼った。

    ほとんどない ____　　たまに ____　　しばしば ____　　常に ____

2. 自分のリーダーシップに対し、積極的にフィードバックを求めた。

    ほとんどない ____　　たまに ____　　しばしば ____　　常に ____

3. 他者をサポートし守るために、個人的なリスクを負った。

    ほとんどない ____　　たまに ____　　しばしば ____　　常に ____

4. グループ全体の成果を独り占めせずに、みんなで共有した。

    ほとんどない ____　　たまに ____　　しばしば ____　　常に ____

5. 今週、神様を押しのけるEGOが自分のリーダーシップに悪影響を及ぼさないようにした。

    ほとんどない ____　　たまに ____　　しばしば ____　　常に ____

今後2週間、改善をもたらすためにフォーカスしたい、あなたの心に関係するリーダーとしての行動を書いてください。_____

_____

今後2週間、あなたが達成したい、あなたの心に関係している特定の行動目標を書いてください。

_____

_____

プライドと恐れ

あなたの安心と自尊心、そして知恵として、そして人生劇場の主賓としての神様を押しのけることは、プライドと恐れというふたつのEGOの問題を生み出します。偽りのプライドと有害な恐れの心。このふたつが人間関係に入り込むと、関係に害が及びます。意思決定に必要とされる原動力がプライドと恐れに置かれると、あなたは非効率的な状態に陥ります。

プライドと恐れに満ちているリーダーは、物事に対し反射的に動きます。他者や人間関係に何が1番大切なのかを考えることに時間を割くことは、ほとんどありません。プライドと恐れに満ちた人たちは、非難するのに早く、腹を立てるのに早く、話すのに早く、責めるのに早く、自分への称賛を受け入れるのに早い人たちです。

一方、イエス様のようにリードしたいと思っている人は、対応します。行動をとる前に、ほんの1秒2秒、その瞬間の感情から一歩下がることを選び、愛することと奉仕することを望み、置かれた状況の意味を確認します。イエス様のように導く人は聞くのに早く、非難するのに遅く、怒るのに遅く、そして他の人に称賛を受けさせることに早い人たちです。

プライド

プライドは自分自身を高い場所に押し上げます。〜よりも多く、という考え方です。自分が〜より良い教育を受けた、〜より良いトレーニングを受けた、または、〜より優れていると思っている時は必ず、どんな場合でも、プライドの種が心の中に刺さった時です。それを許してしまうと、種は根を張り、育ち、満開になります。パウロがローマ人への手紙12:3に残したように、プライドは「思い上がること」であり、それはイエス様のようであることとは正反対のことです。

内省の時間

前回、プライドがあなたのリーダーシップの邪魔をした時を特定してください。どんな言動がそのきっかけでしたか？　どう感じましたか？　周りの人はどんな反応をしましたか？　その結果は？　神様をお招きし、次のステップに進むため、神様の導きに従ってみてください。

_____

_____

恐れ

恐れを経験できることは、神様からの恵みです。そのことに心を留めていれば、恐れは私たちを守ってくれます。しかし、私たちが恐れを経験する中で行動を起こすと、本来もたらされるべきであった良い結果を楽しむことができなくなってしまいます。恐れは人生を高めることなく、人間が神様の御旨から外れた時以来、人間関係に害をもたらして来ました。アダムとエバが禁断の果実を食べた結果を考えてみてください。彼らにはたちまち自意識が芽生え、裸体を覆い、恐れのために神様から隠れました。

以来、人間は隠れ続けています。なぜなら、自分たちの弱さと悪行が見つかることを恐れているからです。皮肉なことに、神様はそうした弱さをすでにご覧になっておられ、私たちの悪行のすべてをご存じなのです。

　旧約・新約聖書の両方で、神様への恐れと人間の恐れは究極の善と悪として取り上げられています。私たちの安心の究極の源であり、私たちの価値を決めてくださる方、命を与えてくださる方という大きな畏怖をもって神様にすがるよう、私たちは召されています。この神聖なる神様への恐れと畏怖は正しく、さらに言えば、信仰に必要なものです。そして、それは人間が持つ有害な恐れとは全く異なるものなのです。有害な恐れを防ぐには、先ずその根本原因を理解しなければいけません。その原因とは、私たちの安心感や自分の価値を物や他人に頼ってしまうという中毒性のある依存です。

　これは自分の力で何かにトライしよう、あるいは望ましい何かを経験しようという思いから始まりますが、継続的により強い衝動となり、最終的には完全な制御不能に陥る可能性があります。

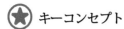
内省の時間

　誰かが今にも失敗しそうな時、あなたが助ければそれを避けられたかもしれないのに、拒絶されることや失敗に対する恐れのゆえに、アドバイスしなかった時のことを考えてみてください。恐れによって行動を起こさなかった自分に、どんな言い訳をしましたか？　恐れの言いなりになることは、結果に値することでしたか？

_____

_____

⭐ キーコンセプト

- あなたにとって神様以外の何かが大切になると、「私は誰のものであるか？」という質問の答えが、常にその偶像になる。
- 安心感と自尊心をあなたの知性や地位、成果、私生活や人間関係に置く時、あなたは一時的で不確かな何かを当てにしている。
- プライドと恐れに満ちているリーダーは、**反射的に動く**。
- イエス様のようにリードしたいと思っている人は、**対応する**。

今日の熟考ポイント

EGO（神様を押しのけること）は、暴力的な意思の行動ではありません。それは、プライドと恐れから来る小さな行動を長年続けることで自身を人生の王座に持ち上げるという、目には見えづらい働きです。人生の王座に誰がいるのか？　ということに意識を持った今、あなたはどんな選択をしますか？

_____
_____
_____

次のステップ

今日、神様を押しのけ、利己的なリーダーのように振る舞いたくなる1番の誘惑は何だと思いますか？

_____
_____

その誘惑にどのように対応しますか？

_____
_____

誘惑に負ける時、そこにある危険は何ですか？

_____
_____

神様の力により、その誘惑に耐えることで得られる利益は何ですか？

_____
_____
_____

第1週

第5日 | 5 •••••

変えられた心

💬 今日の引用

「神は私たちにひとつのことを期待している。それは、神を称えること。そしてそれは、神に完全なる確信を持ち続けること、神のこれまでの言葉を覚えること、神の目的は必ず実行されると信じることである。」[6]

オズワルド・チェンバース

📖 今日の御言葉

「いのちと敬虔に関するすべてのことを私たちに与えるからです。その栄光と徳によって、尊い、すばらしい約束が私たちに与えられました。それは、あなたがたが、その約束のゆえに、世にある欲のもたらす滅びを免れ、神のご性質にあずかる者となるためです。」（ペテロの手紙第二1:3-4）

⏸ 内省の時間

人生の中で絶望を感じた時のことを思い出してください。そしてここに、そのことに対する思いを書いて ください。

人生の辛い時期に神様を経験することで、神様をより深く知ることが度々あります。

では次に、感謝の気持ちを言葉で表現しきれないほど良いことが起こった時のことを考えてください。そしてここに、そのことに対する思いを書いて ください。

思い出したことを書きながら、何を学びましたか？　神様の善があふれ出る様子を目の当たりにした時に感謝が生まれる。このことによっても、より神様のことを知れるようになります。あなたを本当に満足させるものはイエス様との関係以外に何もないと分かった時、あなたは神様を知るのです。

今日の祈り

お父様、良い時が来ても悪い時が来ても、私の自信と安心の拠り所に自信が持てるよう、私はあなたとあなたの御子イエス様を知りたいです。私が影響を与えるすべてのことにおいて、このことをモデルとしていけるよう、私に教えてください。愛するイエス様の御名によって、アーメン！！

 ## 今日のテーマ

イエス様のように導くことは容易ではありません。それには、自分の意図とコミットメントだけではなく、あなたが従おうとしているモデルと継続的に関わっていくことが必要になります。正直に言えば、多忙を極めるスケジュールやあなたの時間の多くを割かねばならないといったことを理由に、イエス様のように導くことへのフォーカスを失うのは簡単なことです。神様のいるべき場所に別の何か――安心感や自尊心を与える他のもの、知性、あるいは人生の中で神様以外の観客や権威を選ぶこと――を置きたくなる誘惑は、絶えず続きます。意図的にイエス様にフォーカスする人生を送ること、そして神様への強いコミットメントは、神様を押しのけるEGOの生活から、神様のみをほめたたえる生活へとあなたを動かす手助けをしてくれるでしょう。

 ## さらに深く

過去数週間のあなたの霊的な浮き沈みについてじっくり考えてみてください。あなたの考えや行動を元に考え、霊的にどのくらい安定していたかを座標に書き入れてください。

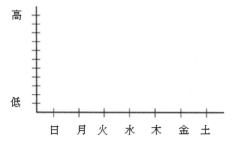

あなたが他の人々と同じであれば、グラフの線が「高」の領域でほぼ横ばい、ということにはならないでしょう。恐らく、私と同じように自信ではなく状況に基礎を置いた結果、グラフの線は上下しているでしょう。

問題のある状況に直面した時、どんな選択肢がありますか？　そのような状況を否定し、問題など存在しないという振りをすることもできます。もしくは、神様が事態を掌握していることを思い起こし、問題に対応することもできます。人間はあなたを裏切ります。神様は絶対に裏切りません。ですから、問題のある状況に直面した時、意図的に神様の約束を思い出す必要があるのです。

人生における混乱の只中で、神様の約束はあなたに平安を与えてくれます。神様は、私たちが問題を免れるとは約束されていません。神様の約束は、問題の中でも私たちを支えてくださるということです。人生の問題の中で、神様はあなたをどう支えてくださると思いますか？

崇拝の対象として神様を選ぶ

あらゆる物事の中で、何よりも神様を1番上に置かなくてはならないと分かっていながらも、私たちはいつもそうできている訳ではありません。神様が、あなたが、確実に正しい場所にいられるかどうか。それはいつも、心の問題です。

アダムとエバは、自分たちが神様よりも道理を知っていると思い、神様を押しのけた最初の人間となりました。神様に対する信頼は心に蓄えられていますが、ピカピカに光り輝く事柄が、あなたを神様から引き離します。神様の代わりに成功、権力、財産、家族、教育、名声、善行などへの崇拝に陥ることは、余りにも簡単です。

御心が分かって初めて、あなたは真に神様を崇拝の対象にできるのです。神様が素晴らしいと分かった時、神様が無条件にあなたを愛していることが分かった時、そして、神様は絶対にあなたを見捨てないと分かった時……。そのような時に、何をおいても神様を信じられるようになり、もっと自由に神様を崇拝するようになります。難しい問題を抱えている時、あなたが呼びかけられる唯一の存在は、天の父——星を配置し、あなたを最初に愛し、あなたを造り、あなたの人生における完璧な計画をお持ちの御方——です。そして神様を呼び求めることで、あなたはさらに神様を心から崇拝できるようになります。神様を体験することによって神様を知り、さらに神様を知るにつれて、神様への崇拝が増し加わり豊かになるのです。

安心感、自尊心、知性の源として神様を選ぶ

あなたの必要のすべて、その源として神様を選ぶことで、あなたの観点、目的、ゴールが変わります。安心や自分への自信を毎日持つことは簡単なことではないと認め、あなたの人生のすべての瞬間に神様が知恵を与えてくださると信じることで、あなたに平安と自由がもたらされるのです。

不確かな世界において、誰もが平穏を望んでいます。人生がどのように展開するか、何となくの理解はあるかもしれません。自分の人生がどんなふうになるのか大体予想はつく、と思っているかもしれません。しかし、人生の中で何かが変わったら——配偶者から離婚を求められる、仕事を失う、人生が一変するような致命的な病気と診断される——、あなたは自分の考え方や期待について、考え直さなければなりません。あなたの平穏の源が神様でない限り、もはやそのような思いを感じることはできなくなるでしょう。「神様のみをほめたたえる（Exalt God Only）」ならば、神様は信頼できるのか？　という疑問がわいても、「もちろん！」と答えられます。神様を親密に知るようになると、人生のどんな状況においても神様を信頼できることが分かります。平穏な心の源は神様。そして神様は、決してあなたを失望させません。

⑪ 内省の時間

詩篇20:7には「ある者はいくさ車を誇り、ある者は馬を誇る。しかし、私たちは私たちの神、主を御名を誇ろう。」とあります。

あなたはどこに信頼を置いていますか？　自尊心とは、単に自身について良い感情を持つことではありません。自尊心は、自分に対する健全なアイデンティティと目的を持つことから生まれます。「神様のみをほめたたえる（Exalt God Only）」なら、自分が神様に属しているということを忘れません。あなたは神様を信じて人生を委ね、自分という人間は神様が言う通りの存在であると、神様を信頼できます。自分の生きる目的とアイデンティティを、神様の中に見出すのです。自分は愛されていて、赦されていて、公正で、神聖で、喜ばれている存在。神様は、聖書の中で交わした約束を守られる。そう信じているあなたにとって、あなたの人生の目的は明確です。エペソ人への手紙2:10には「私たちは神の作品であって、良い行いをするためにキリスト・イエスにあって造られたのです。神は、私たちが良い行いに歩むように、その良い行いをもあらかじめ備えてくださったのです。」とあります。神様があなたの自尊心の源になると、もっと色々なことをしなくては、あるいは、もっと努力しなくては、というプレッシャーから解放されます。実際に、あなたは行動する存在としての人間（human doing）ではなく、ただ存在する人間（human being）でいられるのです。その中で、あなたは神様をほめたたえるのです。

知恵の源として神様を選ぶようになると、世間の常識や価値観を中心に考えることはなくなり、周囲とは異なる観点や優先順位が生まれます。聖書は、あなたはイエス様の精神を宿していると言っています。そして、あなたは、あなたの人生の唯一の脚本が聖書であることに気づくでしょう。神様のみをほめたたえると、あなたのフォーカスは神様に向かいます。神様からの賢明な助言を聞くために、神様に頼ります。神様を十分に信頼し、その答えを待てるようになります。そして神様の答えを待つ間にも、あなたが神様をもっと信頼できる人間へと神様が成長させてくださっていることが分かるでしょう。

日常の仕事や生活よりも、神様を観客そして権威として選ぶ

神様を自分の人生劇場の観客として選ぶということは、あなたの目が人間ではなく神様に向いていることを意味します。神様はただ1人の観客。あなたを含む他の人はみんな出演者です。しかし、イエス様の時代の律法学者やパリサイ人は、この唯一の観客に向けて演じることをしていませんでした。イエス様は彼らを酷評され、彼らを偽善者と呼びました。なぜなら、彼らは他人に見られるために善行を行っていたからです。

神様を自分の人生の権威として選ぶ時、あなたの基準は、「御言葉に従うか否か」になります。この選択と共に生き抜くための最初のステップは、神様が私たちに見せてくださった愛を神様にお返しすること。つまり、神様に従うことを意味します。イエス様はこのようにおっしゃいました、「だれでもわたしを愛する人は、わたしのことばを守ります。そうすれば、わたしの父はその人を愛し、わたしたちはその人のところに来て、その人とともに住みます（ヨハネの福音書14:23）。」イエス様が一緒に住んでくださるなんて、なんと、素晴らしいことではありませんか！

神様を愛することで、私たちの従順が生まれます。この愛の中で生きることを選んだ時あなたは「神様のみをほめたたえる」のです。神様はすでに私たちを選び、イエス様を通して、ご自身とご自身の愛を私たちに現わそうとしている。そのことを覚えていれば、この選択はより簡単になります。イエス様が私たちの観客かつ権威となる贈り物であると理解する時、神様への賛美が生まれるのです。

「神様のみをほめたたえる」結果――謙虚さと自信

あなたの崇拝の対象、安心感や自尊心の源、あなたの人生劇場の観客と権威が神様であるなら、間違ったプライドや恐れは、謙虚さと神に根差した自信に取って代わります。

謙虚さ

イエス様のように導くことは、謙虚さ（神のみをほめたたえる心の1番の特徴）をもって導くことを意味します。謙虚であるには、あなたが誰のものであるか、そしてあなたが何者であるかが分かっていることが必要です。あなたは、あなたが影響を与える立場にある時期に、良い世話役となるために召されました。その中で、あなたが生まれるずっと前から動き出している計画があることを心に留めておきましょう。在職期間を過ぎても、神様があなたに任せた人たちの心と精神の中にあなたの影響は広がります。それは神様の恵みによって実現するのです。

リーダーシップの特徴となる謙虚さとは、あなたの限界、さらに自分では達成できないことがあるという事実を十分理解しているという心の態度が表れている様子です。勝利を得た時や障害を乗り越えられた時にも、謙虚な人はそれを自身の知識や努力のおかげと言わずに、その手柄を人々やチームに譲ります。

またイエス様のように導くには、妥協を許さない境界線があるという事実を受け入れ、それに敬意を払うことが必要とされます。その境界線とは、真の成果、持続性のある結果を達成できるよう、神様が送ってくださったものです。イエス様は弟子たちにこう言いました。「わたしはぶどうの木で、あなたがたは枝です。人がわたしにとどまり、わたしもその人の中にとどまっているなら、そういう人は多くの実を結びます。わたしを離れては、あなたがたは何もすることができないからです。」（ヨハネの福音書15:5）

しかしながら、人の前で謙虚であるふりをすることと、神様の面前にそして神様の目的の前に純粋に謙虚であることの間には違いがあります。神様が与えてくださったもの、あるいはあなたがしてきたことについて、心からの信仰が生み出す謙虚さを持たなければいけません。

イエス様が示してくださった謙虚さは、自己肯定、愛、権力、能力などの欠如から出てくるものではありません。イエス様の謙虚さは、ご自身が誰のものであり、ご自身が何者であり、自分がどこから来て、どこに行くのかを知っているという事実から来るのです。こうしたことを理解していたからこそ、イエス様は愛と敬意をもって自由に人と接することができたのです。

神様に基づく自信

謙虚さの根底にあるのは、父なる神様との安定した関係です。そのような関係を持っていたイエス様は、どのような状況においても、神に基づく自信をもって父なる神の御前に進み出ました。この「神に基づく自信」は、神のみをほめたたえる心の第2の特徴です。イエス様は、父なる神様がいつも無条件で愛してくださっていることを知っていました。そのおかげで、イエス様は自分が地上に来た理由にフォーカスし続ける自信を得ました。

神様に基づく自信の副産物のひとつは「人のすべての考えにまさる神の平安」（ピリピ人への手紙4:7）です。人生をイエス様にお委ねする時、イエス様はこの平安を私たちにくださると約束してくださいました。「わたしは、あなたがたに平安を残します。わたしは、あなたがたにわたしの平安を与えます。わたしがあなたがたに与えるのは、世が与えるのとは違います。あなたがたは心を騒がしてはなりません。恐れてはなりません。」（ヨハネの福音書14:27）

神様のみをほめたたえることで、あなたが他者とは異なる種類のリーダーとなることは明らかです。謙虚さと神様に基づく自信は、あなたのリーダーシップを際立たせ、あなたが影響を与える人たちにインパクトを与えるでしょう。プライドと恐れは、もはやあなたを束縛できません。誰に対しても、何も証明する必要はないのです。神様を知り、崇拝することで、また、あなた自身の源、あなたの人生劇場の観客、そして権威としての神様を信じることで、あなたは安らげるのです。イエス様は捕虜に自由を与えるために地上に来られました。そして自分を完全に神様に委ね、「神様のみをほめたたえる」と、私たちに自由が来ます。

「神様のみをほめたたえる」と、私たちの観点が変わります。神様を押しのけることは神様から、人から、私たち自身から私たちを引き離し、他人と私たち自身を比べるように促し、間違った安心感だけを与えます。しかし、私たちが「神様のみをほめたたえる」時、私たちは隔離や孤立からコミュニティや透明な関係性へ、他人と自身の比較から私たちが誰のもので、何者であるかに対する満足感へ、神様や自分自身についてゆがんだ考え方を持つことから、意思決定や導きの基盤としての私たちに対する神様の愛の真実を持つことへと、私たちは向かっていくのです。

 さらに深く

霊的な観点について考えてみてください。生来、あなたは、人間の観点から物を見る存在です。人生の浮き沈みを通し、自らを鼓舞するような自信を増し加えるように努力していることでしょう。自身の内面的な強さに驚かされることもあるでしょう。ある時には、自身の行動に失望することもあるでしょう。自分自身の自信に基づく人生とは、このような歩みをするものです。

しかし、人生の歩みのどこかでイエス・キリストを通して神様との信仰の関係が始まると、人生に対する観点が変わり、神的な観点から人生の一部を見るようになります。ところが人生に行き詰まると、元の状態へと逆行してしまい、その状況に対応するために自分自身を信じるようになるのです。神様への信頼は持っている、しかし、その信仰とは食い違う観点から対応してしまうことになり、表面的には、あなたは偽善的に見えるでしょう。

では、どうやって観点を変えれば良いのでしょうか？　謙虚さと神様に基づく自信があなたの人生を導くと、それは変わります。謙虚さは簡単には育まれません。下記にある「謙虚さの定義」について　考えてみてください。

「謙虚な人は自分のことを低く評価するのではない。単に自分のことをあまり計算に入れないのだ。」[7]

　　　　　　　　　　　ケン・ブランチャード、ノーマン・ビンセント・ピール

「謙虚な人は自分の力を否定しない。ただ、その力が自分から、そして自分を通して出ていくことを認める。」[8]　　　　　　　　フレッド・スミス

リーダーシップの特徴となる謙虚さとは、あなたの限界、さらに自分では達成できないことがあるという事実を十分理解しているという心の態度が表れている様子です。勝利を得た時や障害を乗り越えられた時にも、謙虚な人はそれを自身の知識や努力のおかげと言わずに、その手柄を人々やチームに譲ります。

イエス様のような心と謙虚さの実践として、今日どのようにして誰に奉仕できますか？
_____
_____
_____

私たちの自信に関する問題の原因は、神様以外の物に自信の基を置いていることがほとんどです。

下記の一覧から、あなたの自信の基をチェックしてください。

_____ 教育	_____ 地位	_____ 知性
_____ 金	_____ 人格	_____ 人間関係
_____ 財産	_____ 容姿	_____ その他

チェックを入れた項目が自信の基にならないようにするために、何ができますか？
_____
_____
_____

神様に基づく自信は簡単には得られません。日常生活で意図的に選択しなければ、それは得られません。毎日、自らを神様に基づく自信にコミットすることを再確認する必要があります。それは、神様のみをほめたたることを選ぶことによって、EGO（神様を押しのけること）を拒むことです。それは戦い。日々の戦いなのです！

キーコンセプト

- あなたの中で神様が確実に正しい場所にいられるかどうか。それはいつも心の問題。
- あなたに必要なすべての源として神様を選ぶことで、あなたの観点、目的、ゴールが変わる。
- 神様について、神様の御国について、神様があなたの人生とリーダーシップについて語られている言葉……。そうしたことについて、あなたがどれほどの信頼を寄せ、またどれほど自分を明け渡しているかを入念にチェックする。

今日の熟考ポイント

リーダーシップを執る時に、利己的になる誘惑と上手に戦うため、あなたは毎日EGOを神様の前に捧げ、「神様のみをほめたたえ」なければいけません。

▶ 次のステップ

　今日、誠実な心、謙虚な心から、他者に奉仕できる方法をいくつか考えてください。下記のスペースに、あなたが奉仕しようと思う人の名前と、どのようにその人に奉仕しようと計画しているのかを記入してください。

名前	行動	反応

明日、上記のリストを見て、その人がどういった反応をしたのかを記録してください。

第 2 週

リーダーが持つべき精神的な習慣

地上でリーダーシップを執られ活動している間、イエス様は友人、家族、敵が抱える欠点によって、進むべき道から外れそうになる誘惑とプレッシャーに絶えず追い詰められていました。こうした経験のすべてを通し、イエス様は、任務を遂行するために必要な5つの大切な習慣の模範を示されました。こうした習慣は、イエス様の人生に敵対する勢力に対する基本的な対抗手段として使われました。

- 神様の無条件の愛を受け入れ従う
- 1人の時間を経験する
- 祈りの実践
- 聖書の学びと適用
- 支え合う人間関係を維持する

　イエス様をリーダーシップの手本とし、従うことを望むなら、同じ習慣を取り入れることは不可欠です。イエス様はこうした習慣なしに導こうとはされませんでした。ですから、私たちがイエス様のように導きたいのであれば、私たちもこうした習慣なしに導いてはいけないのです。

　こうした習慣は、イエス様の本質からごく自然にあふれ出るものであり、イエス様の態度や方法論に見られる、特徴的な核心的要素です。まずは練習を必要とする訓練として受け止め、そうしたことが自分の習慣になるまで訓練を続けましょう。

今週の暗唱聖句

「まことに、その人は主のおしえを喜びとし、/昼も夜もその教えを口ずさむ。その人は、水路のそばに植わった木のようだ。時が来ると実がなり、その葉は枯れない。その人は、何をしても栄える。」

（詩篇1:23）

第2週

第1日 | 1.

神様からの無条件の愛を受け入れて従う

今日の引用

「十字架の上で、神は愛を証明された。キリストが十字架に架けられ、血を流して死んだのは、世界に向けた神の『愛している』というメッセージである。」[1]

ビリー・グラハム

今日の御言葉

「神は、実に、そのひとり子をお与えになったほどに、世を愛された。それは御子を信じる者が、ひとりとして滅びることなく、永遠のいのちを持つためである。」（ヨハネの福音書3:16）

　今日の御言葉は、聖書の中で最も良く知られている聖句と言えるでしょう。しかし、それが真に意味することは何でしょう？「お与えになったほどに」という言い回しは神様の愛の深さを言及していると思われがちですが、このコンセプトをさらに掘り下げると、それは「このように愛した」と言い換えることができます。ですから、この聖句はこう表現することができます。「神はある方法でこの世を愛してくださった。その方法とは——ひとり子を与えることにより、御子を信じる者がひとりも滅びないで、永遠の命を得るという方法である。」

内省の時間

　私たちに対する神様の愛は、自分のひとり子を与えるという形で明らかにされています。周囲に対するあなたの愛は、どのように明らかにされていますか？

_____
_____
_____
_____

今日の祈り

　父なる神様。私に対するあなたの無条件の愛を認め、受け入れ、そこで安らげるように助けてください。そうすることで、あなたが私に導くよう指示された人たちを、私が無条件に愛することができますように。愛するイエス様の御名によって、アーメン！

今日のテーマ
神様からの無条件の愛を受け入れる習慣

　この宇宙の神様が、あなたや私と愛の関係を持ちたいと心から望んでいらっしゃると言われても、それを想像するのは難しいことです。なぜなら、私たちは自分のことを良く知っているからです。私たちは自分の限界を知っています。私たちは高慢で、臆病で、卑劣で、いえ、それ以上にひどい存在になり得るものです。また、私たちは、条件付きの関係は理解できますが、この条件のない力強い愛については、理解に苦しむのです。エペソ人への手紙3:17-19にはこうあります。

> 「こうしてキリストが、あなたがたの信仰によって、あなたがたの心のうちに住んでいてくださいますように。また、愛に根ざし、愛に基礎を置いているあなたがたが、すべての聖徒とともに、その広さ、長さ、高さ、深さがどれほどであるかを理解する力を持つようになり、人知をはるかに越えたキリストの愛を知ることができますように。こうして、神ご自身の満ち満ちたさまにまで、あなたがたが満たされますように。」

　私たちが愛するのは、神様がまず私たちを愛してくださった（ヨハネの手紙第一4:19）から、という真実の上に、あなたとイエス様の関係は成り立っています。神様と過ごす時間を確保するという選択をあなたがする時、あなたはさらに神様を知るようになり、神様とあなたとの関係の基礎がさらに強くなり、神様の無条件の愛をさらに広く受け入れさらに神様に従うようになれるのです。

　しかし、神様からの無条件の愛を受け入れて従うことは容易ではありません。この習慣は、月に何回教会に通うのか、毎日何度お祈りするのか、宣教にどれだけ献金するのか、一週間に何件のビジネス契約を完了させるのかといったこととは、全く関係ありません。この習慣は、親、牧師、またはビジネス・リーダーとしての成功などとも全く関係ありません。神様の愛はギフトです。神様の愛を受け入れて従うには、神様はあなたを愛することができる、という基本的な信仰が必要になります。その信念は、あなたを神様の元に導きます。そして、ひとり子の十字架での死、そして私たちの心に内在する聖霊の働きによって、神様は私たちにそう信じさせてくださるのです。

　愛は私たちを関係性の中に引き寄せます。事実、あなたも私も、自分を愛してくれる人に引き寄せられることがほとんどではないでしょうか。特に自分が何かをしたからではなく、ありのままの私たちを愛してくれる人たちに、私たちは引き寄せられるのです。

　恐らく、無条件の愛の観念をこの世で最もよく表しているのは、子供に対する親の愛でしょう。私たちのセミナーで、お子さんをお持ちの方に「自分のお子さんを愛している方は挙手してください」と尋ねると、全員の手が挙がります。「『子供が成功した時しか愛しません』という方は何人いますか？」と尋ねると、全員の手が下がります。自分の子供は無条件に愛しますよね？　しかし、条件付きの愛があることを私たちに教えたり、私たちが打ちのめされ、傷つけられたままだったりという人間関係も存在します。こうした経験のせいで、天の父なる神様と私たちの関係がゆがめられてしまうことがあるのです。

第2週-第1日

- 神様の無条件の愛に対するあなたの反応について考え、あなたの考えに当てはまるものにチェックしてください。

　　____ 私に対する神様の愛を完全に受け入れ、その事実の中に生きている。

　　____ 私に対する真の神様の無条件の愛があることを受け入れるが、それでも、自分の努力でそれを獲得したい。

　　____ 神様が無条件に私を愛することを信じられそうにない。

　　____ 神様からの無条件の愛は、私には理解できない。

イエス様のように導くためには、まず神様からの無条件の愛を受け入れなければならない

　エペソ人への手紙3:18で、パウロはイエス様に属する人たちのために力強い祈りを捧げています。天の父の前で大胆に願う中、パウロは私たちが「その（キリストの愛の）広さ、長さ、高さ、深さがどれほどであるかを理解する」力が持てるよう、嘆願しています。

　なぜ、パウロは御前でこのような願いをしたのでしょう？ なぜ、私たちが、私たちに対する神様の愛を知り理解することが、パウロにとって一大事だったのでしょう？ なぜなら、私たちに対する神様の愛を知り、理解し、受け入れる時、私たちは神様の豊かさで満たされ、それが周囲に影響を与え、導く力となるからです。

　それにも関わらず、日々の苦労や苦しい状況の最中に置かれていると、私たちに対する神様の愛がどれほど力強く美しいものであるのかを忘れてしまうのです。

　エレミヤ書31:3には、神様は永遠の愛をもって、わたしはあなたを愛した、とあります。

　エペソ人への手紙3:19では、キリストの愛を知ることは、人知をはるかに越えると語られています。

　ヨハネの福音書15:9では、父がイエス様を愛されたように、イエス様も私たちを愛したというイエス様の言葉があります。

　ヨハネの手紙第一4:18によると、神様の愛には恐れがなく、私たちに対する神様の愛は恐れをとり除きます。

　イザヤ書54:10では、山々が移り、丘が動いても、わたしの変わらぬ愛はあなたから移ることはない、と神様が語っています。

　そして最後に、ローマ人への手紙8:35-39によれば、何ものも、絶対に何ものも、イエス様の愛から、私たちを引き離すことはできないのです。

　神様の愛を認め、受け入れ、それに従うことは何とパワフルなことでしょう！ 私たちが愛し合うのは、まず神様が私たちを愛してくださったから。そのことを理解して初めて、私たちは新しい方法で周りの人たちを受け入れ、彼らに影響を与えることができるのです。なぜなら、私たちに対する神様の愛が私たちの中からあふれ出て、回復、赦し、誠実、信頼、謙虚さ、恵み、慈悲の推進力となるからです。

イエス様のように導くには、イエス様のように愛さなければならない

　神様の無条件の愛を受け入れると、周囲の人々を愛し、導く形が変わります。イエス様の愛は、リーダーとして経験する困難や落胆の中でも、明るく事を進めなさいと要求します。しかしその愛は、あなたの仕事を楽にしてくれるのです。そして、あなたが導く人たちが一生懸命仕事をしたくなるような励ましを、彼らに与えるのです。

　人間は誰しも、誰かに自分の声を聞いてもらう必要があります。褒めてもらう必要があります。励ましてもらう必要があります。受け入れてもらう必要があります。リーダーとして、このような必要に応える愛の表現を練習しなければいけません。それはなぜでしょう？　イエス様があなたの道に置かれた人たちをあなたが愛することで、イエス様の愛が表されるからです。「しかし、いま聞いているあなたがたに、わたしはこう言います。あなたの敵を愛しなさい。あなたを憎む者に善を行いなさい。あなたをのろう者を祝福しなさい。あなたを侮辱する者のために祈りなさい。」（ルカの福音書6:27-28）

　私たちを通してイエス様が周囲の人々を愛し、彼らに良い事を成してくださるようにするなら、それはすなわち、私たちが彼らを愛するということを学んだことに他ならないのです。

さらに深く

　あなたの人生で、神様からの無条件の愛を受け入れることを妨げる何か（恐れ、コントロールしたいという欲望、プライド）はありますか？

_____

_____

　神様を無条件に愛するために、あなたはどんなことにコミットしますか？

_____

_____

　あなたを通し、どのように神様に周りの人を無条件に愛してもらいますか？

_____

_____

　あなたの人生にいる「愛し難い」人について、あなたを通してイエス様にそうした人を愛していただくため、あなたは何しますか？

_____

_____

キーコンセプト

- この宇宙の神様は、あなたや私と愛の関係を持ちたいと心から望んでいらっしゃる。しかしそれを想像するのは難しいことである。
- 私たちが愛するのはまず神様が私たちを愛してくださったから（ヨハネの手紙第一 4:19）。あなたとイエス様の関係は、この真実の上に成り立っている。あなたが神様と過ごす時間を確保するという選択をする時、あなたはさらに神様を知るようになり神様とあなたの関係の基礎がさらに強くなり、神様からの無条件の愛をさらに広く受け入れ、さらに神様に従うようになれる。
- 神様からの無条件の愛を受け入れると、周囲の人々を愛し、導く形が変わる。イエス様の愛は、リーダーとして経験する困難や落胆の中でも、明るく事を進めるようにと要求しする。
- 人間は誰しも、誰かにその声を聞いてもらう必要がある。褒めてもらう必要がある。励ましてもらう必要がある。受け入れてもらう必要がある。リーダーとして、このような必要に応える愛の表現を練習しなければならない。それはなぜか？　それはイエス様があなたの進む道に置かれた人たちを愛することで、イエス様の愛が表されるからである。

 ## 今日の熟考ポイント

他者を愛するということに関し、その代償はすでに十字架で完済されたと思いますか？

次のステップ

下欄に神様へのラブレターを書いてください。無条件、不変、決して失われない神様の愛に対して、心からの感謝の気持ちを表現してください。

_____

_____

次に、あなたと最も親密な関係にある人へのラブレターを書いてください。この手紙を投函する気はありますか？　そうでない場合は、なぜですか？　投函する気持ちがあるなら、ぜひそうしてください！

_____

_____

第2週

第2日 | 2 ••

「1人の時間」を習慣化する

📖 今日の引用

「1人にならない限り、神の奥義を知るに必要な神との関係に近づけない。」[2]

ジョージ・ワシントン・カーバー

📖 今日の御言葉

「夕方になった。日が沈むと、人々は病人や悪霊につかれた人をみな、イエスのもとに連れて来た。こうして町中の者が戸口に集まって来た。イエスは、さまざまの病気にかかっている多くの人をいやし、また多くの悪霊を追い出された。そして悪霊どもがものを言うのをお許しにならなかった。彼らがイエスをよく知っていたからである。さて、イエスは、朝早くまだ暗いうちに起きて、寂しい所へ出て行き、そこで祈っておられた。シモンとその仲間は、イエスを追って来て、彼を見つけ、『みんながあなたを捜しております』と言った。イエスは彼らに言われた。『さあ、近くの別の村里へ行こう。そこにも福音を知らせよう。わたしは、そのために出て来たのだから。』」（マルコの福音書1:32-36）

🕚 内省の時間

あなたが神様と2人きりになる時の様子を書いてください。神様と2人きりになることを優先するのは、なぜ難しいのでしょうか？

_____

_____

🙏 今日の祈り

神様があなたに語られることがあるかもしれません。お祈りしながら、静かに座って、耳を傾けてみてください。今週お祈りを続けていく中で、1人で神様の声を聞く時間を少しずつ増やせるようにしてください。

今日のテーマ
「1人の時間」を習慣化する

　これから考察していく習慣の中で、雑音、多忙、年中無休のコミュニケーションだらけの現代世界においては、「1人の時間」は最も捉えどころがないものと言えます。「1人の時間」は、間違いなく今の文化的風潮に反しており、日常生活に取り入れるのが難しい行動です。しかしそれ以上に大切なのは「1人の時間」は、私たちの活動の多くの場面から逃れられる場所に、私たちを導くということです。それは、すべての予定やプランを忘れて、真に神様と2人きりになれる場所です。何もせず「ただ存在しているだけ」ということは滅多ありませんし、なんだか落ち着かない気持ちになることが多いでしょう。「抗うことをやめる」（詩篇46:10、NASB訳の和訳）ようチャンスを積極的に探し求めることを奇妙に感じるかも知れません。しかし、そうすることで得られる結果はいつも、あなたの人生を変えていきます。静けさの中に、私たちは確かなものを見出すのです。

　あらゆる人との接触を断ち、完全に神様と2人きりで長い時間を過ごすことを「1人の時間」と定義しましょう。予定表に煩わされる生活、骨の折れる人間関係や生活の様々なことで一杯の毎日。「1人の時間」とは、そうした人生の裏口からそっと外に出て、新鮮な空気を吸い込むこと。「1人の時間」とは、神様ご自身が確立された人生の自然なリズムによって、気持ちがスッキリと晴れて回復すること。「1人の時間」とは、神様があなたの魂に語りかけ、あなたは愛されていると語りかけてくる「かすかな細い声」（列王記第一19:12）を、時間をかけて聞くこと。たまには何もしない。それは、周りの人やあなたにとってベストなことなのです。リーダーシップにおける不可欠かつ戦略的な要素として、イエス様は「1人の時間」の模範を示しています。下記について考えてみてください。

- 悪魔から、リーダーシップと公生涯への試みを受ける準備をしている時、イエス様は40日間を荒野で1人で過ごされた。（マタイの福音書4:1–11）
- 信者の中から12人の弟子を選ぶ前、イエス様は1人で山に入り一晩を過ごされた。（ルカの福音書6:12–13）
- バプテスマのヨハネの死について知らせを受けた時、イエス様は1人で寂しいところへ退いた。（マタイの福音書14:13）
- 5,000人に対する給食という奇跡の後、イエス様は1人で山に登った。（マタイの福音書14:23）

　周囲を導く準備、迫られる重大な決断、深い悲しみ、そして神様への賛美と称賛。このような状況の中で、イエス様は、神様と共に歩み続けるために必要な1人で過ごす時間の価値を示されたのです。

　毎日1人になって神様と時間を過ごすことで、リーダーとしてのあらゆる選択が可能になります。イエス様は朝の早い時間に「1人の時間」を持ちました。それは、ご自身の宣教に対する父なる神様の導きを受け、どのようにご自分の時間を最大限に使うことができるかを決めるためです。マルコの福音書1:35にこうあります。「さて、イエスは朝早くまだ暗いうちに起きて、寂しい所へ出て行き、そこで祈っておられた。」

「さて、イエスは朝早くまだ暗いうちに起きて、寂しい所へ出て行き、そこで祈っておられた。」という言葉は、あなたの目に留まりましたか？　この祈りの行動は「自らの貴重な時間は、自分が地上に送られた目的である1番大切な仕事に費やす」という、イエス様の決意を強めました。その仕事とは、癒しや悪魔祓いといった大衆受けのする善行を行うことではなく、罪の赦しと神様との和解を人々に伝えることです。イエス様がそのままにして去らなければならなかった病人や悪魔憑きに対し、どれほどの思いをもっておられたか、想像してみてください。そこに留まり、癒しの力を使ってすべての人を喜ばせ、自分自身も安堵したいという強い誘惑を想像してみてください。迷い苦しむ人類を救うためとは言え、そうした働きをされないことがどれだけ苦しかったか、想像してみてください。

さらに深く

予定表、思い悩むこと、お祈りのリストを忘れて、神様の臨在の中で静かに座り、意識して1人で過ごし、神様の落ち着いたか細い声を最後に聞いたのはいつのことですか？　もし、思い出せないのなら、なぜ今あなたの人生とリーダーシップが著しく妨害され、満足感が得られない理由のヒントがそこにあります。思い出せるけれど、それが1週間以上前のことなのであれば、できるだけ早く、あなたのプランをアップデートする必要があると言えます。

実際、今すぐ、数分で良いですから、神様と2人きりになってみてください。掌を下に手を膝の上に置いてください。その瞬間に思いつく心配や悩みについて考えてください。そして、それらを十字架の足元に置く様子をイメージしてみてください。心配や悩みが心に浮かばなくなったら、神様があなたにくださるものを受け取る姿勢として、掌を上にしてください。神様の慈悲、神様の愛、神様の恵み、神様の力など、神様のご性質の様々な側面について熟慮してください。神様の声を聞いてください。詩篇46:10（口語訳）を、以下のように復唱してみてください。

静まって、わたしこそ神であることを知れ。

静まって、知れ。

静まって。

ただ、そこにあれ。

「1人の時間」を取るのに、あなたの日課で変えなければいけないことは何ですか？

_____

_____

神様との2人きりの時間を邪魔する行動は何ですか？

_____

第2週−第2日

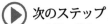 **次のステップ**
　来週、静まって神様の声を聞く「1人の時間」として、最低35分間を割り当ててください。グループ内でその経験をシェアできるよう、準備しておきましょう。

第2週
第3日 | 3•••

祈りの習慣

> **今日の引用**
> 「神にあれこれ指示を出そうなんて、無意味なこと。私たちは、ただ、やるべきことをやるのみ。」³
> 　　　　　　　　　　　　　　　　　コーリー・テン・ブーム

今日の御言葉
　「何も思い煩わないで、あらゆる場合に、感謝をもってささげる祈りと願いによって、あなたがたの願い事を神に知っていただきなさい。そうすれば、人のすべての考えにまさる神の平安が、あなたがたの心と思いをキリスト・イエスにあって守ってくれます。」（ピリピ人への手紙4:6–7）

内省の時間
　心配事に対する対抗手段は祈りです。あなたが心配していることをひとつ書いてください。そして、それがなぜ祈りの対象にならないのか、書いてください。

_____

_____

_____

今日の祈り
　神様。私は毎日、1日中、あなたと正しい関係にある必要があります。時々、人生の心配事や苦痛によって、私はあなたから離れてしまいます。時々、自分で何とかできると感じてしまいます。どちらも、また他のどんなことも、そこには大きな間違いがあります。日々、そして私の人生におけるすべての瞬間に、あなたが必要です。これまで以上に、私をあなたの元に引き寄せてください。祈りの中であなたと会話することの必要性を、一瞬、一瞬、意識的に認めることができますように。あなたと共にただ静かに座る時間を渇望する私になれるよう、助けてください。そのことを通して、あなたを知り私の人生におけるあなたの計画を知り、人生の中で起きることへの準備ができるようにしてください。イエス様の御名によって、アーメン！

今日のテーマ
祈りの習慣

　私たちの成長に必要な5つの精神的な習慣の内、「1人の時間」は最も捉えにくいものかもしれないというお話をしました。一方祈りの習慣は、知識を捨て去り、これまでのパターンや手段を変えることが求められます。そう考えると、弟子たちがイエス様に教えて欲しいと尋ねることができたすべての事柄の中で、聖書に記された彼らのたったひとつの要望が「私たちにも祈りを教えてください」(ルカの福音書11:1)であったのは、当然のことでしょう。イエス様が祈った時に湧き上がる力を見て、弟子たちは同じような結果をもたらす祈りをしたいと、心から望んだのです。しかし、―― 弟子たちもそのことを学ばねばなりませんでしたが ―― 祈りはテクニックではありません。祈りとは、単純に神様との会話なのです。

　祈りはまた、イエス様のように生き、導くことに対する意志を示す行動でもあります。イエス様のように生き、導くことを望むのか否か。祈りはその本気度を示す肝要な行動なのです。御国のために神様が持たれている計画と、私たち自身の計画やリーダーシップの努力をつなげていくこと、あるいは、イエス様が聖霊を送ってくださった時に約束された霊的な活力を受け取ること。祈りがなければ、そうしたことは絶対に実現しません。祈りを通じて御心を求めること、信仰をもって答えを待つこと、神様の導きを受けた時にそれに従い、その結果に平安を持てること。そうした行いは、あなたのリーダーシップをイエス様のリーダーシップにより近づけることでしょう。

　人生において、祈りの力は計り知れません。オズワルド・チェンバースはこう書いています。「あなたの人生のドアを全開にし、隠れた所におられる父に祈る時、あなたの人生のあらゆる公的な場面に、神の臨在というしるしが長く残ることだろう。」4 イエス様は、私たちが従うべき模範を示してくださいました。その模範の中に、祈りに彩られた人生がもたらす事柄を見ることができます。裏切られた夜、イエス様はゲツセマネで暗い祈りの時間を過ごしました。これほど力強い祈りの例は、聖書の他のどの箇所にもありません。それは、耐え難いプレッシャーとストレスの時間でした。

> 　それからイエスは弟子たちといっしょにゲツセマネという所に来て、彼らに言われた。「わたしがあそこに行って祈っている間、ここにすわっていなさい。」それから、ペテロとゼベダイの子ふたりとをいっしょに連れて行かれたが、イエスは悲しみもだえ始められた。そのとき、イエスは彼らに言われた。「わたしは悲しみのあまり死ぬほどです。ここを離れないで、わたしといっしょに目をさましていなさい。」それから、イエスは少し進んで行って、ひれ伏して祈って言われた。「わが父よ。できますならば、この杯をわたしから過ぎ去らせてください。しかし、わたしの願うようにではなく、あなたのみこころのように、なさってください。」(マタイの福音書26:3639)

　ゲツセマネでのイエス様の祈りは、リーダーにとっての素晴らしい手本です。ここで、イエス様が教えられている4つのポイントについて見てみましょう。

1. イエス様はどこで祈りましたか？　それはなぜですか？　イエス様は、祈るために1人になれる場所に行かれました。神様が、ため息やうめき声といった、言葉にならない言葉を理解してくださると知った上で、イエス様は神様と2人きりになり天の父に向かって胸の内を吐き出すことができました。

2. イエス様が祈った時、どのような体勢でしたか？　ご自身の苦悩、極度の悲しみ、そして謙虚さの証として、イエス様は天の父の前にひれ伏しました。別の時にはイエス様はひざまずいたり、目を開けて天を見上げて祈ったりしました。心の姿勢

は身体の姿勢より大切です。しかし、私たちの身体そのものを神様の前にひれ伏すことは、神様に対する心の姿勢を正しく持つ手助けになります。

3. イエス様は祈りの中で何を願いましたか？　イエス様は「できますならば、この杯をわたしから過ぎ去らせてください」（39節）と願いました。できることなら、十字架での苦しみを避けたいと願いました。しかし、イエス様がそれをどのように表現したか、注目してください。「できますならば」「しかし、わたしの願うようにではなく、あなたのみこころのように、なさってください」（39節）。耐えなければいけない厳しい苦しみをはっきり自覚していたにもかかわらず、イエス様は天の父の望みのままになりました。ご自身の思いは、御父のご意思に基づいたものだったのです。

4. イエス様の祈りに対する答えは何でしたか？　神様の答えは、その御心 ―― 天の父の意思 ―― が成されることでした。イエス様は、父の御心に委ねる意志を持ちながら、十字架を避ける願いを捧げました。ですから、十字架での苦しみの杯は、イエス様から除かれませんでした。神様はイエス様の祈りに答え、イエス様が使命を全うできるよう、イエス様を力づけました。「御使いが天からイエスに現れて、イエスを力づけた。」（ルカの福音書22:43）

先取りの祈りの力

　イエス様のように導きたいと願う時、祈りは最終手段ではなく初期対応になります。先取りの祈りは、その時々に起こる人生の挑戦に対応できる、最強で、最速にアクセスできる、最有用の手助けです。フィル・ホッジズの詩は、そのような祈りの可能性を語っています。

もし、そうだとしたら

　もし、そうだとしたら。祈る時に、私のことを大事に思い、私が何を考えているのか知りたいと思いながら、耳を傾けてくれる誰かが本当にいるとしたら。

　もし、そうだとしたら。私が祈る時に私が変えられ、宇宙の働きやそこに関わる存在への私の観点が変わるとしたら。

　もし、そうだとしたら。少しの間、疑いを横に置いて、私が生まれる前から私を知る誰かがいて、条件も懸念もなく、欠点も何もかも、過去にどれほど悪く振る舞っていたとしても、その方が私を愛している可能性を考えたとしたら。

　もし、そうだとしたら。新しい挑戦や古い誘惑に直面する時、祈りは最終手段ではなく初期対応であるとしたら。

　もし、そうだとしたら。周りの人に手渡すほど無尽蔵の愛の供給があることを知りながら、毎日生きるとしたら。

　もし、そうだとしたら……。

　ここで「もし」となっていることのすべてが本当であると、私たちは信じています。あなたにとってもそうであったとしたら、と考えてみてください。

さらに深く

イエス様が弟子たちに祈りについての指導をした時の様子を読んだ後、しばらく時間を取って、下記の質問に、包み隠さず正直に答えてください。

「また、祈るときには、偽善者たちのようであってはいけません。彼らは、人に見られたくて会堂や通りの四つ角に立って祈るのが好きだからです。まことに、あなたがたに告げます。彼らはすでに自分の報いを受け取っているのです。あなたは、祈るときには自分の奥まった部屋に入りなさい。そして、戸をしめて、隠れた所におられるあなたの父に祈りなさい。そうすれば、隠れた所で見ておられるあなたの父が、あなたに報いてくださいます。また、祈るとき、異邦人のように同じことばを、ただくり返してはいけません。彼らはことば数が多ければ聞かれると思っているのです。だから、彼らのまねをしてはいけません。あなたがたの父なる神は、あなたがたがお願いする先に、あなたがたに必要なものを知っておられるからです。だから、こう祈りなさい。『天にいます私たちの父よ。御名があがめられますように。御国が来ますように。みこころが天で行われるように地でも行われますように。私たちの日ごとの糧をきょうもお与えください。私たちの負いめをお赦しください。私たちも、私たちに負いめのある人たちを赦しました。私たちを試みに会わせないで、悪からお救いください。』〔国と力と栄えは、とこしえにあなたのものだからです。アーメン〕もし人の罪を赦すなら、あなたがたの天の父もあなたがたを赦してくださいます。しかし、人を赦さないなら、あなたがたの父もあなたがたの罪をお赦しになりません。」（マタイの福音書6:5-15）

誘惑や挑戦に対する最終手段ではなく、初期対応として祈る。あなたはどのくらいの頻度でそのようにしていますか？

_____

_____

あなたを祈りへ導くものは、何ですか？

_____

_____

どこに行って祈りますか？

_____

_____

何のために1番多く祈りますか？

_____

_____

あなたの祈りに対する神様の答えは、どのように分かりますか?

_____

_____

キーコンセプト

- リーダーが、フォロワー（訳者注：リーダーの下で、そのリーダーシップに従う人々のこと）をどうやって、どこに導くのか。リーダー個人の祈りの生活を見れば、それが1番よく分かる。

- 祈りは、イエス様のように生き、導くことに対する意志を示す行動である。イエス様のように生き、導くこと望むのか否か。祈りはその本気度を示す肝要な行動である。

- 祈りは最終手段ではなく、自然に行う初期対応であるべき。

- 祈りは、その時々に起こる人生の挑戦（良いものも悪いものも）に対応できる、最強で、最速にアクセスできる、最有用の手助けを与えてくれる。

- 祈りは神様を称えること。

今日の熟考ポイント

祈りに対する次の2つの姿勢の間で、大きな相違点は何ですか？「さて、今できることと言えば祈ることだ」と「まずやるべきことは、祈ることだ」。

_____

_____

どちらの方が、祈りに対するこれまでのあなたの考え方に近いですか？

_____

_____

次のステップ

祈りの日記をつけ始めてください。日記を書くことで、神様が日々の祈りに絶えず答えてくださっていることに気づくでしょう。

第2週 - 第3日　53

第2週
第4日 | 4 ••••

聖句を知り、適用させる習慣

今日の引用

「ほとんどの人は聖書の中で理解できない箇所について悩む。しかし私の場合、いつも、自分が理解している箇所にこそ最も悩まされると気づくのだ。」5

マーク・トウェイン

今日の御言葉

「聖書はすべて、神の霊感によるもので、教えと戒めと矯正と義の訓練のために有益です。それは、神の人が、すべての良い働きのためにふさわしい十分に整えられた者となるためです。」（テモテへの手紙第二3:16-17）

今日の御言葉を読んで、空欄を埋めてください。

1. 神様の言葉は＿＿＿＿＿＿＿＿＿＿＿＿＿＿＿＿＿＿＿＿＿に起因している。
2. 神様の言葉は＿＿＿＿＿＿＿＿＿＿＿＿＿＿＿＿＿＿＿＿＿＿に役立つ。
3. 神様の言葉にある個人的な利益は＿＿＿＿＿＿＿＿＿＿＿＿＿＿＿＿＿＿。

内省の時間

私たちのカルチャーで支持されない聖書の教えは何ですか？　その中で、自分の行動を正当化しますか？　それとも、聖書を通して自分の行動の是非にチャレンジしますか？

＿＿＿＿＿＿＿＿＿＿＿＿＿＿＿＿＿＿＿＿＿＿＿＿＿＿＿＿＿＿＿＿＿＿＿＿＿
＿＿＿＿＿＿＿＿＿＿＿＿＿＿＿＿＿＿＿＿＿＿＿＿＿＿＿＿＿＿＿＿＿＿＿＿＿
＿＿＿＿＿＿＿＿＿＿＿＿＿＿＿＿＿＿＿＿＿＿＿＿＿＿＿＿＿＿＿＿＿＿＿＿＿

今日の祈り

天のお父様、あなたの聖なる言葉という形で送ってくださった、あなたの真理というラブレターを受け取ります。それを開かれた心で読み、その中にある知恵を私の記憶に留められるように助けてください。周囲に影響を与えるような方法で、聖書のメッセージの通りに生きられますように。イエス様の御名によって、アーメン！

今日のテーマ

聖書を知り、適用させる習慣

懐疑論者は、御言葉は人間が書いたものだから当てにならない、と異議を唱えます。御言葉が人によって記録されたのは真実ですが、その源は神様です。そのように言えるのは、これが愛する人たちに宛てられた神様からの個人的な手紙で、神様を信じる人たちに非常に大きな利益をもたらすものだからです。聖書の言葉は、神様の方法で私たちを教え、矯正し、訓練するのです。私たちが教わり、矯正され、訓練される時、私たちの考えや行動は神様のようになるでしょう。ですから、生来の性質ではできないこと、―― 良い働き ―― ができるようになるのです。

では、良い働きとは何でしょう？ ミカ書6:8が書かれた時に、それはすでに明確にされています。ミカは、神様は先に良い働きが何であるかを、人々に告げられた、と言っています。以上！ 良い働きは、社会的に再定義される必要も、制定される必要も議論される必要もないのです。良い働きを簡単に言えば、神様を愛し、他者を愛することです。

考えてみてください。十戒の内、4つの掟は神様との関係に関すること、そして残りの6つの掟は、人間同士の関わり合いについて論じています。何が最も優れた戒めかと尋ねられた時、イエス様は十戒ではなく「シャーマ」という言葉を用いて答えられました。これは、神様を全身全霊で愛することをユダヤ人に思い出させる言葉、申命記に記されています。そしてシャーマという言葉の後に、この教えの実用的な適用である「周りの人を愛する」ことを付け加えました。神様を愛し、周りの人を愛せよ。これは聖書を通して繰り返し出てきます。ところが、ユダヤ人がそうしたように、私たちもこの単純な教えを複雑化し、人間の家族の間で論争や議論の的となるルールや規定に変えてしまったのです。すべての宗派で、この御言葉の真実に対し独自の解釈（そして多くの場合、複雑化した解釈）がされています。しかし、「神を愛し、周りの人を愛せよ」という単純な基礎の上に御言葉が成り立っている、というのが事実なのです。

仮に、聖書とは、そこにある実践的に使える知恵を学び、それを適用するだけの本だったとしましょう。それでも、聖書の内容は周囲との人間関係や人間の内面的な葛藤を乗り越えることなど多くを網羅しており、これまで書かれた中で最も素晴らしい書物として、特別な存在感を放つことでしょう。しかし、聖書は人間関係マニュアルとしての役割をはるかに超えています。聖書は、天の父からあなたに書かれた親密なラブレターなのです。日々、新しい、ワクワクするような神様の愛を経験するよう、神様はあなたに呼びかけています。聖書は神様の聖なる言葉です。神様に仕える人々が、聖なる真実を教え、人々を聖なるものにするために、それを届けているのです。

聖書が有用で、信頼でき、価値があるものだと理解することは、それはそれで素晴らしいことです。しかし、聖書を実践的な方法であなた自身のものにすることは、それとは別のことです。聖書を読んで初めて、それはあなたの利益になるのです。

さらに深く

どうすればリーダーとしてのあなたの人生の中で、御言葉をより有用なものにできるでしょうか？

聞く、読む、学ぶ、黙想する、暗記する、という5つの行動を実践することで、第4習慣の「聖書を知り、適用する習慣」をあなたの人生で根づかせることができます。これらの工程について、あなたはすでに知っているかもしれませんが、問題は、実践しているかどうか。実践していないのなら、これらすべてのことが習慣になるには時間がかかるでしょう。

どうすれば、あなたの人生の中で御言葉を活かせるか。これから、その説明をしていきます。それぞれの行動について読んだ後、次のことをしてください。まずは書かれていることに対し、現在のあなたの状況を確認します。次に、それを習慣にするために何が必要かを決定し、その行動の開始日時を設定します。その行動が自分自身の一部になるまで、じっくりと時間をかけてください。それができてから、次の行動についての学びに移ります。イエス様のようなリーダーになることは、一生涯をかけた仕事です。ですから、自分が1番惹かれる行動から始め、自分のペースでひとつひとつ、習得していってください。私たちはスキルを教えようとしているのではなく、あなたの成長を促すことができるマニュアルをお渡ししているのです。

1. 御言葉を聞く

子供や文字の読めない人でも、聖書を聞くことはできます。

> 「聞く耳のある者は聞きなさい」（マルコの福音書4:23）。

> 「そのように、信仰は聞くことから始まり、聞くことは、キリストについてのみことばによるのです」（ローマ人への手紙10:17）。

マタイ13:3-23にある、種蒔く人のたとえには御言葉の聞き手が4種類挙げられています。①「無関心」な聞き手は神様の言葉を聞くが、受け入れて理解する準備がない（19節）、②「表面的」な聞き手は神様の言葉を一時的には受け入れるが、心に根付かせられない（20-21節）、③「上の空」な聞き手は神様の言葉を受け入れるが、この世の悩みや他のことへの欲望が成長を妨げる（22節）、④「新しく生み出す」聞き手は神様の言葉を受け入れ、理解し、実を結び、結果をもたらす。（23節）

- あなたはどのような聞き手ですか？

_____

_____

- あなたはどのくらいしっかり、神様の言葉を聞けますか？（1はあまり、5は大変良い）

           1   2   3   4   5

- 今週、より良い御言葉の聞き手となるためにできる3つのことは何ですか？
  1. _____
  2. _____
  3. _____

2. **御言葉を読む**

   「この預言のことばを朗読する者と、それを聞いて、そこに書かれている
   ことを心に留める人々は幸いである。時が近づいているからである。」
   （ヨハネの黙示録1:3）

   ここに挙げたようなことを覚えて御言葉を読めば、あなたが静かな時間を過ごしている時に、神様が語りかけてくださるすべての言葉を聞くことができるようになります。

- 「この律法の書を、あなたの口から離さず、昼も夜もそれを口ずさまなければならない。そのうちにしるされているすべてのことを守り行うためである。そうすれば、あなたのすることで繁栄し、また栄えることができるからである。」（ヨシュア記1:8）

- 読んだ内容の意味について黙想できなくなるので一度に沢山の聖書を読まないようにし、神様が直接あなたやあなたの状況に語りかけてくるようにしてください。今週の暗唱聖句は「まことに、その人は主のおしえを喜びとし、/ 昼も夜もその教えを口ずさむ。その人は、/ 水路のそばに植わった木のようだ。時が来ると実がなり、その葉は枯れない。その人は、何をしても栄える」（詩篇1:2-3）です。

- バランス良く御言葉を読んでください。「『わたしについてモーセの律法と預言者と詩篇とに書いてあることは、必ず全部成就するということでした。』そこで、イエスは、聖書を悟らせるために彼らの心を開いて」（ルカの福音書24:44-45）と言いました。

  これら3つの聖書箇所はあなたが取り入れることのできる神様の助言を網羅しています。聖書を創世記からヨハネの黙示録まで1日3章、そして日曜日に5章ずつ読むと1年で通読できます。他には、旧約聖書から1章と新約聖書から1章を毎日読む方法もあります。あるいは、自分は1日1章の聖書通読が良いと思うかも知れません。

  さらに役立つ実践として、詩篇5篇と箴言1章を毎日読む方法があります。これによって詩篇と箴言を1か月で読み終えることができます。詩篇の大部分は人間から神様への語りかけ、箴言は神様から人間への語りかけです。毎日、心を傾けながら詩篇と箴言を読むと、詩篇は神様に対する考えの枠組みを整える手助けを、箴言は神様が私たちに望まれていることを再認識する手助けを与えてくれます。

- あなたはどのくらいしっかり、御言葉を読めますか？（1はあまり、5は大変良い）

  1　　　2　　　3　　　4　　　5

- 今週、より良い御言葉の読み手となるためにできる3つのことは何ですか?
  1. _____
  2. _____
  3. _____

3. **御言葉を学ぶ**

   ヨハネの黙示録1:3は「この預言のことばを朗読する者と、それを聞いて、そこに書かれていることを心に留める人々は幸いである。時が近づいているからである」と語ります。

   この言葉を深く心に刻むため、あなたやあなたの人生にとって、御言葉がどのような意味があるのかを、神様に示してもらうよう尋ねてください。イエス様はこう約束しました。「もし、あなたがたがわたしの戒めを守るなら、あなたがたはわたしの愛にとどまるのです。それは、わたしがわたしの父の戒めを守って、わたしの父の愛の中にとどまっているのと同じです。」(ヨハネの福音書15:10)

   御言葉を人生に適用するたびに、あなたは神様に近づきます。適用に失敗するたびに、あなたは散らばった種のように御言葉を人生の道の脇に置いてしまうことになり、サタンはそれを盗むでしょう。御言葉を聞いたからには、あなたは祈りをもって、従順に対応する準備をしなければいけません。イエス様は言いました。「『だれでもわたしを愛する人は、わたしのことばを守ります。そうすれば、わたしの父はその人を愛し、わたしたちはその人のところに来て、その人とともに住みます。』」(ヨハネの福音書14:23)

   御言葉を学ぶと、あなたはさらに深い場所に導かれます。「ここのユダヤ人は、テサロニケにいる者たちよりも良い人たちで、非常に熱心にみことばを聞き、はたしてそのとおりかどうかと毎日聖書を調べた。」(使徒の働き17:11)

- あなたはどのくらいしっかり、神様の言葉を学べますか?(1はあまり、5は大変良い)

  1   2   3   4   5

- 今週、神様の教えのもっと良い生徒になるためにできる3つのことは何ですか?
  1. _____
  2. _____
  3. _____

4. **御言葉を覚える**

   御言葉を覚えると、それがあなたの中で息づき、あなたはその中に生き、そして神様の約束はあなたのものになります。「どのようにして若い人は自分の道をきよく保てるでしょうか。あなたのことばに従ってそれを守ることです。……あなたに罪を犯さないため、私は、あなたのことばを心にたくわえました。」(詩篇119:9、11)

   御言葉の中に生き、また御言葉があなたの中で生きるためのもうひとつの方法は、御言葉に思いを巡らせ黙想することです。「まことに、その人は主のおしえを喜びとし、/昼も夜もその教えを口ずさむ。」(詩篇1:2)

聖句を暗唱することにより、御言葉があなたの頭の中に入ります。聖句を黙想することにより、御言葉があなたの心に入ります。

- あなたはどのくらいしっかり、神様の言葉を覚えていますか？（1はあまり、5は大変良い）

    1   2   3   4   5

- 今週、もっと御言葉を暗記するのにできる3つのことは何ですか？

1. _____
2. _____
3. _____

5. **御言葉を黙想する**

1週間に1句、集中して御言葉を黙想します。暗唱したい聖句、もしくは、ちょうど読んだ箇所で鍵になる聖句を選んでください。黙想しながら聖霊の啓示を祈ってください。聖句（または箇所）を暗記しながら、Navigator（暗唱聖句を勧める団体）が推奨する、本の名前、章、前後の節（つまり、聖句自体の前後）も一緒に覚えるという暗記方法を用いてください。この作業により、聖句とその聖句が聖書内のどこにあるかを覚える力が強まります。

- あなたはどのくらいしっかり、神様の言葉を瞑想できますか？（1はあまり、5は大変良い）

    1   2   3   4   5

- 今週、もっと御言葉を黙想するのにできる3つのことは何ですか？

1. _____
2. _____
3. _____

さらに深く

詩篇の詩人は「あなたに罪を犯さないため、／私は、あなたのことばを心にたくわえました」（詩篇119:11）と言いました。この節は、御言葉で心を満たすことは罪を犯す誘惑への対抗手段となるということを語っています。一方、あなたが無防備であれば、あなたはサタンの格好の餌食になります。サタンに対するたったひとつの防御は、御言葉の中に留まることです。

御言葉を蓄えることに関するあなたの現在地を、下記の線にXを付けてください。

無防備である ------------------------------|------------------------------ 防御できている

では、あなたがいたいと思う場所にチェック（√）を入れてください。現在地から、希望する場所へ移動するために、あなたは何をしますか？

_____
_____
_____
_____

 キーコンセプト

- 仮に、聖書とは、そこにある実践的に使える知恵を学び、それを適用するだけの本だったとする。それでも、聖書の内容は周囲との人間関係や人間の内面的な葛藤を乗り越えることなど多くを網羅しており、これまで書かれた中で最も素晴らしい書物として、特別の存在感を放つことだろう。しかし、聖書は人間関係マニュアルとしての役割をはるかに超えている。聖書は、天の父からあなたに書かれた親密なラブレターだ。

- 「聖書はすべて、神の霊感によるもので、教えと戒めと矯正と義の訓練のために有益です。それは、神の人が、すべての良い働きのためにふさわしい十分に整えられた者となるためです。」（テモテへの手紙第二3:16-17）

- あらかじめ御言葉を蓄えていなければ、その日の難しい決断に直面した時に御言葉を活かすことはできない。受けなかったものを与えることはできないのだ。

- 御言葉を人生に取り入れ神様の栄光をたたえる。その鍵となるのは、以下の通り。

    御言葉を聞く

    御言葉を読む

    御言葉を学ぶ

    御言葉を黙想する

    御言葉を覚える

    御言葉を適用する

💡 今日の熟考ポイント

　もう少しで大きな間違いを起こしそうだったところ、御言葉によってその瀬戸際から引き戻された時のことを思い出してください。耐えられないほど大きな重荷があっても、御言葉によって慰められた時のことを思い出してください。行き先が不透明、またはそこに行くのが怖くても、神様の約束によって勇気と自信を見出した時のことを思い出してください。さぁ！　行って、御言葉と共に新しい思い出をつくりましょう！

▶ 次のステップ

　御言葉を使ったり適用したりすることで、最も自信を感じる分野は何ですか？

_____
_____
_____

　最も劣っていると感じる分野は何ですか？

_____
_____
_____

　あなたの最も劣っている分野において、そのレベルをあげるのには、どうすれば良いでしょうか？

_____
_____
_____

第2週

第5日 | 5

支え合う人間関係を保つ習慣

今日の引用

「……リーダーとは、魂が枯渇するような人間関係で一杯の、魂の充足を感じられる親密性のない、寂しい仕事になり得る。リーダーには、世界と対峙するのに必要なすべての鎧や武器を置き、誰にも知られずにリラックスし、あけすけな会話ができる、安全な港のような関係が必要だ。こうした港のような関係がないリーダーは、その心と魂を衰弱させる、被害者と殉教者というふたつの考え方を持ちやすくなる」[6]

　　　ケン・ブランチャード、フィル・ホッジズ、フィリス・ヘネシー・ハルバーソン

今日の御言葉

「わたしがあなたがたを愛したように、あなたがたも互いに愛し合うこと、これがわたしの戒めです。人がその友のためにいのちを捨てるという、これよりも大きな愛はだれも持っていません。わたしがあなたがたに命じることをあなたがたが行うなら、あなたがたはわたしの友です。わたしはもはや、あなたがたをしもべとは呼びません。しもべは主人のすることを知らないからです。わたしはあなたがたを友と呼びました。なぜなら父から聞いたことをみな、あなたがたに知らせたからです。」（ヨハの福音書15:12-15）

内省の時間

サーバント・リーダー（訳者注：別名、奉仕型リーダー。指示を出すのではなく、目標を達成できるよう組織や部下に対し自ら主体的な行動を取ることで、彼らに仕えるリーダーシップ）でいるためには、神様に従順でなければなりません。神様は、絶対的なリーダーとしてのご自身の役割は維持したままで、その友になる方法を私たちに与えてくださっています。もし、神様への従順があって初めて神様の友人になれるとしたら、自分は神様の友人として、どれほど良い存在だと思いますか？

今日の祈り
　天のお父様。イエス様は、あなたと共に歩く近しい関係を求められました。同じように、自分の弱さをしっかりと受け止めるために、オープンな関係で無防備につきあえる人たちの存在が私の人生に必要であることを認めます。どうぞ真実を語り合える友人を見出し、そして私が彼らにとってもそのような存在になれるよう、助けてください。イエス様の御名によって、アーメン！

 今日のテーマ
支え合う人間関係を保つ

　リーダーとは、寂しい仕事です。自身の見方に頼って状況判断をすると、自分に都合の良い合理性や死角に陥ってしまうでしょう。その結果、あなたの高潔さやあなたにリーダーシップを求める人たちの信頼があっという間に損なわれる可能性があります。

　イエス様の日常には「1人の時間」からコミュニティへの奉仕に作業を進めるという一貫したパターンがある、とヘンリー・ノーウェンは述べています。イエス様が弟子たちと親しく交わって過ごした時間は、弟子たち、そしてイエス様にとって有意義なものでした。イエス様の使徒として招集された12人の内、イエス様と特に親しい関係にあったと思われるのが、ペテロ、ヤコブ、ヨハネの3人です。イエス様はこの3人を山上の変容の場所に連れて行き、こっそりとご自身の本来の姿を明らかにされました（マタイの福音書17:1-9参照）。ユダヤ教会のリーダーの娘を死から蘇らせた時にも、この3人はその場に立ち会っていました（マルコの福音書5:21-43参照）。この親密な友情で結ばれたグループ内で最も心が痛む、そして最も教えに満ちた話は、イエス様が逮捕された夜、十字架への最後の旅の始まりに起こりました。

　マタイの福音書26:37-38には「それから、ペテロとゼベダイの子ふたりとをいっしょに連れて行かれたが、イエスは悲しみもだえ始められた。そのとき、イエスは彼らに言われた。『わたしは悲しみのあまり死ぬほどです。ここを離れないで、わたしといっしょに目をさましていなさい。』」とあります。

　リーダーとは、魂が枯渇するような人間関係で一杯の、魂の充足を感じられる親密性のない、寂しい仕事になり得るものです。リーダーには、世界と対峙するのに必要なすべての鎧や武器を置き、誰にも知られずにリラックスし、明け透けな会話ができる、安全な港のような関係が必要です。こうした港のような関係がないリーダーは、その心と魂を衰弱させる、被害者と殉教者というふたつの考え方を持ちやすくなります。憤りや自己正当化の花が咲くのを赦してしまうと、人生のあらゆる歩みの中で、この双子の悪魔がリーダーを奈落の底に落とすのです。

　イエス様は、父なる神様と一体で親密な関係にありました。その喜びを弟子たちも享受することができるよう、祈りの中でコミュニティの重要性を強調しています。イエス様は弟子たちにこう言いました。

> 「父がわたしを愛されたように、わたしもあなたがたを愛しました。わたしの愛の中にとどまりなさい。……　わたしがあなたがたを愛したように、あなたがたも互いに愛し合うこと、これがわたしの戒めです。人がその友のためにいのちを捨てるという、これよりも大きな愛はだれも持っていません。わたしがあ

なたに命じることをあなたがたが行うなら、あなたがたはわたしの友です。……わたしはあなたがたを友と呼びました。なぜなら父から聞いたことをみな、あなたがたに知らせたからです。」
（ヨハネの福音書15:9、12-15）

真実を語る人たち

信頼のおける、真実を語ってくれる人たち、できれば自分の直接影響下にない人で、道から外れないよう助けてくれる人たち。私たちにはみんな、そういう人が必要です。成長に必要なリソースの中で、真実を語ってくれる人の存在は、おそらく最大の資産でしょう。

真実を語ってくれる人たちを自分の人生に迎え入れ、あなたが彼らの言葉に耳を傾けるのであれば、彼らはあなたに正直でいてくれるでしょう。言われたことをすべて実行しなくても大丈夫です。彼らはただ、あなたが自分の言葉に耳を傾けてくれることを望んでいます。

成長する方法は、他人からの反応にオープンになることだけではありません。他人に対し自分の弱さをさらけ出すことをいとわないことも、そのひとつです。私たちはみんな、不完全な存在です。あなたの弱さをシェアすることを恐れないでください。

さらに深く

あなたの人生の中で真実を語ってくれる人の名前が思い浮かばない、また、そんな人を避けたり、過小評価してきたりしたのであれば、そろそろ変わる時です。

あなたが傷つくとしても、あなたが聞くべきことをきちんと伝えてくれる人たちの名前を挙げてください。

_____
_____
_____

真実を語ってくれる人は、あなたが道から逸れないように助けてくれます。彼らがあなたをより助けやすいようにするために、あなたができることを3つ挙げてください。
1. _____
2. _____
3. _____

真実を語ってくれる人があなたを助けにくくしていることを3つ挙げてください。
1. _____
2. _____
3. _____

あなたのことを「自分に真実を語ってくれる人」として頼りにしてくれている人の名前を挙げてください。

1. _____
2. _____
3. _____

ここに名前を挙げた人たちに対して、「真実を語る人」としてのあなた自身をどう評価しますか?

1人目

____ 助けたい気持ちはあるが、実践していない。

____ 他の事で忙しくない時、たまに彼らの役に立っている。

____ いつでも相手の話を聞く準備がある。求められた時だけアドバイスをし、前向きに、愛の中で真実を語っている。

2人目

____ 助けたい気持ちはあるが、実践していない。

____ 他の事で忙しくない時、たまに彼らの役に立っている。

____ いつでも相手の話を聞く準備がある。求められた時だけアドバイスをし、前向きに、愛の中で真実を語っている。

3人目

____ 助けたい気持ちはあるが、実践していない。

____ 他の事で忙しくない時、たまに彼らの役に立っている。

____ いつでも相手の話を聞く準備がある。求められた時だけアドバイスをし、前向きに、愛の中で真実を語っている。

 キーコンセプト

- リーダーとは、魂が枯渇するような人間関係で一杯の、魂の充足を感じられる親密性のない、寂しい仕事になり得る。リーダーには、世界と対峙するのに必要なすべての鎧や武器を置き、誰にも知られずにリラックスし、あけすけな会話ができる、安全な港のような関係が必要である。こうした港のような関係がないリーダーは、その心と魂を衰弱させる、被害者と殉教者というふたつの考え方を持ちやすくなる。

- 真実を語ってくれる人たちは、いつでも私たちの話を聞く準備があり、聞かれたらアドバイスをくれ、どんな場合でもありのままの私たちを愛してくれていると信頼できる。このような彼らの存在や行動が、私たちを守ってくれる。

💡 今日の熟考ポイント

孤立したままのリーダーには、何が起こるでしょうか？ あなたの助け、容認、励ましが必要な誰かを、神様はあなたの進む道に置かれましたか？

▶ 次のステップ

信頼できる人物を1人決めて、あなたの働きとリーダーシップ・スタイルについて真実を語ってくれる人になってくれるよう、お願いしてください。

さらに3人を招待し、「リード・ライク・ジーザス」の模範を基としたサポートグループを作りましょう。

第3週

有能なリーダーの「頭」

今週の暗唱聖句

「この世と調子を合わせてはいけません。いや、むしろ、神のみこころは何か、すなわち、何が良いことで、神に受け入れられ、完全であるのかをわきまえ知るために、心の一新によって自分を変えなさい。」

（ローマ人への手紙12:2）

有能なリーダーになるための旅路は、意欲と意図にあふれた心から始まります。心が正しくなければ、あなたのリーダーシップは決してイエス様の導きを反映できません。そして、神様が自分の人生劇場の主賓であり権威であること、そして自分は神様だけを喜ばせるためにここに存在すると気づいた時、その善良な意図が「頭」へと移動します。そこは、人生やリーダーシップに対する考え方を蓄える場所。その考え方を具体的に言えば、有能なリーダーは自分が誰に属するかを分かっているだけでなく、自分が何者であるのかが分かっているということです。彼らは、自分の中には神様によってすでに自分の人生の目的が刻み込まれているということを感じ取っているのです。エペソ人への手紙2:10に書いてあるとおりです。「私たちは神の作品であって、良い行いをするためにキリスト・イエスにあって造られたのです。神は、私たちが良い行いに歩むように、その良い行いをもあらかじめ備えてくださったのです。」

有能なリーダーの「頭」に関する本セクションを始めるにあたり、まずは、あなたの人生における絶対的なビジョンを決めていきましょう。あなたが何者で（あなたの目的）、どこに向かっているのか（あなたの将来像）、そして何があなたの旅路を案内するのか（あなたの価値観）を、あなた自身とあなたが影響を与える周囲の人々に語ることによって、そのビジョンが生みだされます。

第3週
第1日 | 1.

あなたは誰に従っていますか？

今日の引用
「リーダーシップとはどこかへ行くことだ。あなたの私生活でも、家族でも、組織でも、効率的なリーダーシップは明確なビジョンと共に始まる。もし、あなたがどこへ行こうとしているのか、フォロワーたちをどこへ連れて行こうとしているのかが分からないと、彼らはその旅路を歩むことには気乗りしないだろう。」[1]

ケン・ブランチャード、フィル・ホッジズ

今日の御言葉
「預言（ビジョン）がなければ民はわがままにふるまう。」
（箴言29:18、NASB訳の和訳）

内省の時間
あなたのビジョンの源は何ですか？

_____ 自分の想像力

_____ 周りの人の考え

_____ 自分と神様との関係

_____ ビジョンがない

_____ その他 _____

今日の祈り
神様、あなたのビジョンのみが成就することを、私が忘れないようにしてください。私生活と仕事において、私を圧倒し、私が愛し導く人たちをワクワクさせるような強いビジョンをどうぞ与えてください。イエス様の御名によって、アーメン！

今日のテーマ

あなたは誰に従っていますか？

　イエス様に心を明け渡すことは、サーバント・リーダーシップへの最初の一歩です。心はあなたのモチベーションを表します。しかし、モチベーションがあるだけでは、十分とは言えません。どこかの段階で、それは、人々の信頼や観点に影響を与える「頭」へと移動しなければいけません。

　自らの観点を全く顧みないまま、考えを改めようとする人が多くいますが、それは錆の上からペンキを塗るのと同じことであり、より根深い問題への一時的で表面的な解決に過ぎません。神様の言われることを好意的に受け取るけれど、自分の価値観に神様の真実を浸透させていないという人々がいます。同じように、リーダーシップに関するあなたの見解にチャレンジするリソースはたくさんありますが、実際に大切なのはあなたの見解ではなく、あなたの観点なのです。

- あなたのリーダーシップを見て、自分のリーダーとしての姿勢を構築した人がいたとしたら、その人はリーダーであることの意味をどのように結論づけるでしょう？

_____
_____

　有能なリーダーには、リーダーシップに関する具体的な考えがあります。その考えにより、重要な人間関係における境界線を設けるのです。イエス様は、リーダーシップ行動の模範を示されました。それは、リーダシップに関するご自身の観点を表すものであり、ご自身の習慣の副産物でした。イエス様は、ご自身と神様の導きとを完全に一致させました。つまり、イエス様は神様の観点を持っていたのです。その結果、公の場でのイエス様は、神様とご自身との関係を反映した姿だったのです。

　今日のリーダーたちの多くが見逃しているのが、このポイントです。彼らには神様の観点が欠けています。それは、神様の心を習慣化させる機会を活かしていないからです。サーバント・リーダーシップとは、自分のコントロールがないリーダーシップではありません。それは、イエス様の方途で事を成していくことです。

- 以下の質問に答えてください。

　イエス様は、人を喜ばせようとしましたか？_____

　イエス様は自分の価値やモラルを妥協しましたか？_____

　イエス様は人気を大事に考えましたか？_____

　これらの質問に対する答えは、リーダーシップに対するイエス様の考えを端的に描き出すものです。もちろんそれは、今日の多くのリーダーシップに対する考え方とは正反対なところにあります。しかし現代のリーダーシップの考えは、多くの場面で、効果的というよりはむしろ害なのです！

　イエス様がフォーカスしていたのは、ご自身の唯一の観客である神様を喜ばせることだけです。それは、招かれていない場所でも救いの福音を伝道することを意味しました。イエス様は、弟子たちに導くことの意味を示し、あらゆる場所で人々に福音を語るようにと送り出しました。

イエス様は、社会的に受け入れられないことを行うよう、弟子たちに求めました。社会の趨勢と対立した価値観によって生きることを求めました。そして、イエス様は今も同じことを期待されています。あなたたちは、人々が聞きたくないことを語り、そのために迫害されるであろうと、イエス様は弟子たちに伝えました。もし、弟子たちが世俗の観点を選んでいたら、イエス様の期待は満たされなかったでしょう。イエス様を個人的に知る人たちでさえ、イエス様のリーダーシップモデルに沿って生きることは、大変なことだったのです。

リーダーシップにおける2つの役割

リーダーシップにおける2つの役割について、イエス様はそれを行動で明確に示しました。

1. ビジョンを持って導く役割 —— 結果に集中し、正しい行動をする。
2. 実行者としての役割 —— 人に集中し正しく行動する。

リーダーシップとは、そのすべてがビジョンに関することであり、マネジメントとはそのすべてが実行力であると考える人がいます。そうした区別をすると、先見性のあるリーダーシップと比べ、マネジメントはいつまでも二流という位置づけをされそうです。私たちはこの2つを区別したくありません。ですから、このスタディガイドでは、リーダーシップの役割は、ビジョンで導く役割と実行者としての役割の両方であると考えています。これら2つのリーダーシップの役割は、あなたが成果と人間関係をどのように捉えるか、ということに直接関わってくるのです。

さらに深く

周りの人たちと協働し、目標達成をしようとした時の状況を説明してください。

_____

_____

その時、リーダーとして努力したあなたが、協働した人々や結果について、個人的にどのような点を重視していたか、自己診断してください。 人と成果のどちらに、どれくらい強い意識を持っていたか、下の線にX印を入れて示してください。

成果 -------------------------------|------------------------------- 人

リーダーシップに対するあなたの考え方

リーダーシップに関して自分がどのように捉えているか、考えたことはありますか？ リーダーの役割をどう見ますか？ リーダーの責任は何だと考えますか？ リーダーはどのように行動すべきでしょう？ リーダーは共に働く人たちと、どのように関わるべきでしょう？

_____

_____

_____

上記の質問に答える中で、リーダーシップに対するあなたの考え方が関係しているとすれば、それはどのような考え方ですか？

_____

組織内で導くことについてしばらく考え、あなたの信条を書いてください。

_____
_____
_____
_____
_____

次に、家庭を導くことについてのあなたの信条を書いてください。

_____
_____
_____
_____
_____

（もし）2つの信条が異なっていたなら、それはどのように違いますか？　それはなぜですか？

_____
_____
_____
_____

イエス様が持ったリーダーシップの考え方

　ビジョンで導く役割と実行者としての役割。これら2つのリーダーシップの役割に対して、イエス様がどのように対応したのかを見てみましょう。

　ここに、ビジョンで導く役割と実行者としての役割を説明します。それぞれのリストで、このコンセプトの本質が最も良く示されている言葉や表現に下線を引いてください。

先見性

- 不変かつ目的あるビジョンを見ていること。
- 説得力ある未来像を描くこと。
- 運営上の価値観、組織、組織内の行動基準を定義し、模範となること。

実行力

- 仕事に関わる人たちが持つ、現在進行中のニーズに応えること。
- ビジョンに対して責任を持った行動を取るよう、フォロワーの環境を整えること。
- 方法論から最終目標に至るまで、協働者の成長と発達を促すこと。
- 協働者あるいは家族のニーズと願いに寄り添うようにすること。

　今週の残りの学びでは、リーダーの役割における特定の側面のいくつかに焦点を当てます。学びが終わった段階で、リーダーシップにおける成功と効率化の違いについての明確な理解が得られるでしょう。成功を収めるには、長期的なゴール達成に責任のある人たちにとって有害であっても、短期間に必要とされるゴールの達成が求められることもあります。効率化とはひとりひとりの個人的成長が促進されるような雰囲気を作り出しつつ、長期的な目標達成を希求することです。

　成功または効率化に対する意欲という点で、リーダーとしてのあなたが持つスキルの特徴はどんなことだと思いますか？

_____
_____
_____

 ## キーコンセプト

ハイレベルなリーダーシップにおける3つの真実

1. 効率的なリーダーシップとは、あなたが従う人次第である。
2. 責任感そして強い信念がなければ、持続的なサーバント・リーダーシップの言動は生まれない。
3. リーダーシップに関する包括的理論のすべてがそうであるように、イエス様のようにリードすることにおいても、理論を行動に移すことは難しい。

今日の熟考ポイント

「私たちの前に置かれたイエスからのメッセージとは、他者の利益の前に自分の利益を置かないということ。それは、イエスが手ぬぐいと水を手に弟子たちの足を洗ったように人に仕えるという彼の精神である。洗足の儀式により、このメッセージは非常にシンプルになった。イエスの言動が一致しているからだ。それは、イエスを信じて従うであろう人たちにとっての愛と赦しのメッセージ —— 変容のメッセージ、希望のメッセージ、永遠なる希望のメッセージである。」ビル・ポラード（サービスマスター・カンパニー名誉会長）

次のステップ

今、リーダーシップに対するあなたの見解ついて、考えてください。リーダーの模範としてイエス様に従う約束をし、そして神的なリーダーシップを練習してみてください。

第3週
第2日 | 2

イエス様の絶対的なビジョン

今日の引用

「100%の従順さと義務感を持って、イエスは仕事を続けた。」[2]
　　ケン・ブランチャード、フィル・ホッジズ、フィリス・ヘネシー・ハルバーソン

今日の御言葉

「人の子は、失われた人を捜して救うために来たのです。」
（ルカの福音書19:10）

内省の時間

　イエス様は、自分が達成するべく与えられた目的にフォーカスし、その遂行に全力を尽くしました。目的が変わらないこと。これは、フォロワーに対し、リーダーが提供できる最も素晴らしい働きのひとつです。この「ひとつの働き」に集中することが、リーダーにとって非常に難しいのはなぜだと思いますか？

_____

_____

今日の祈り

　イエス様、あなたこそ、私が従うべき究極のお手本であることが分かりました。全力を尽くして仕事に当たるということがどういうことかを、私たちに示してくださり感謝します。私が割り当てられた仕事にコミットし続けられるように助けてください。そして、行く手に立ちはだかる障害に気づき、それに抵抗する知恵を与えてください。イエス様の御名によって、アーメン！

今日のテーマ
イエス様の絶対的なビジョン

　ヨハネ17章に記されているように、イエス様の絶対的なビジョンの鍵になる見識は弟子たちのために捧げたイエス様の祈りに見ることができます。リーダーとして仕えた期間、イエス様は、自分が達成するべく与えられた目的にフォーカスし続けました。イエス様は父なる神様に「あなたがわたしに行わせるためにお与えになったわざを、わたしは成し遂げて、地上であなたの栄光を現しました。」（ヨハネの福音書17:4）と伝えました。完全なる従順さと責任感を持って、イエス様は仕事をし続けたのです。イエス様は神様の計画以外の計画、また周囲がイエスに果たして欲しい課題に取り組むことは望んでいませんでした。

　目的が変わらないこと。これは、フォロワーに対し、リーダーが提供できる最も素晴らしい働きのひとつです。困難な状況に陥った時や短期的な成功への誘惑が生じた時、障害に直面した時や後退を余儀なくされた時、人々はリーダーたちの反応に目を向けるでしょう。リーダーは、脇道に逸れることなく、自らの使命と価値観に忠実であり続けるのか？　それとも諦めてその瞬間のプレッシャーに屈服するのか？

　イエス様は神様の真理を宣言するという責任に加え、その使命の遂行に必要な事柄を完全に理解できるように弟子たちを備える、という責任も担っていました。「いま彼ら（弟子たち）は、あなたがわたしに下さったものはみな、あなたから出ていることを知っています。それは、あなたがわたしに下さったみことばを、わたしが彼らに与えたからです。彼らはそれを受け入れ、わたしがあなたから出て来たことを確かに知り、また、あなたがわたしを遣わされたことを信じました。」（ヨハネの福音書17:7-8）

　リーダーは、自分が念頭に置いていることが理解され受け入れられていると確信するまで、時間と労力を費やさなければなりません。そうでないと、周囲からの欲求不満や使命が未完に終わることが起き得ます。また、フォロワーたちは当惑し、落胆してしまいます。旅が困難で危険なほど、リーダーはフォロワーたちの健全性と安心感に関して、戒心を怠らないことです。ここでの戒心とは、フォロワーが使命のために適切に訓練され、備えられているかどうかを確認するという意味になるでしょう。また、それは、一連の経営価値を明確に提供すること。その上で、リーダー不在時の意思決定手順において、提供された一連の経営価値をモデルとして、彼らがそれを利用できるようにするという意味でもあります。

　リーダーの戒心とは、また、反対や不当な批判に直面するフォロワーたちのために立ち上がることを意味します。それはフォロワーたちに真実を伝えること、彼らが、まだ自分たちでは取り組むことができない分野において喜んで手助けすることであり信頼できる良い後見人として存在することを意味します。最後に、イエス様の戒心には、誰も滅びることないよう、弟子たちの良き羊飼いとしてご自身の命を犠牲にされることがありました（ヨハネの福音書10:11、28）。リーダーとしての自分が地上からいなくなっても、自分が受けた使命を遂行し続ける立場にある弟子たちに必要なものをイエス様は与えようとされたのです。

さらに深く

このことがあったら、自分は脇道に逸れてしまうだろうと思うことを3つ書いてください。コースや方向性が変わることで、あなたのフォローの士気にどんな影響があるでしょう？

1. _____
2. _____
3. _____

_____
_____
_____

あなたの人生の中で、諦めたり負けたりせず、途方もないプレッシャーの中で強くあり続け、仕事をし続けたリーダーについて考えてください。そのリーダーに従い、信頼したいという願いは、長期的にあなたにどのような影響を与えましたか？

_____
_____
_____

キーコンセプト

- イエス様の絶対的なビジョンに対する、重要な見識
- イエス様は自分が達成すべき使命に、フォーカスし続けた。
- イエス様はブレることなく働き続けた。
- イエス様は神様の計画以外の計画、また周囲がイエス様に果たして欲しい課題に取り組むことは望まなかった。
- 真に素晴らしい恒久的なビジョンは、個人がリーダーの立場を退いても、広がっていく。

今日の熟考ポイント

十字架での死の直前、イエス様は祈りました。父なる神様の御心が成されることを祈っただけではなく、残していく人たちのため、またイエス様の御名において、いずれ信じるようになる人たち（私たちを含む！）のためにも祈りました。この行動ひとつにも、弟子たち、そして何世代にも渡るリーダーたちに対するイエス様の思いやりが見て取れます。

▶ **次のステップ**
　イエス様を模範とするため、また、あなたの寿命を超えて広がる恒久的なビジョンを作り上げるため、あなたには何ができるでしょう？

_____

_____

_____

第3週

第3日 | 3 ・・・

あなた自身の絶対的なビジョンを作る

今日の引用

「世界で1番渇望されているもの。それはビジョンだ。絶望的な状況などない。ただ絶望的に考える人たちがいるだけだ。」[3]　　　　ウィリアム・ニューマン

今日の御言葉

「こういうわけで、私たちを、キリストのしもべ、また神の奥義の管理者だと考えなさい。この場合、管理者には、忠実であることが要求されます。」
（コリント人への手紙第一4:1-2）

内省の時間

成功に対する世俗的な考えと今日の御言葉を比べて、どう思いますか？

_____

_____

_____

_____

今日の祈り

父なる神様、将来のビジョンを明らかにしてください。私が導く人たちの人生にとって最も大切なもの、そして彼らと共にどこへ行けばよいのかを理解し、それに応えられるよう助けてください。イエス様の御名によって、アーメン！

今日のテーマ
あなたの人生の目的

　私たちがみんな共有している共通の目的があります。「こういうわけで、あなたがたは、食べるにも、飲むにも、何をするにも、ただ神の栄光を現すためにしなさい。」（コリント人への手紙第一10:31）。しかし、一方で私たちには、各々の目的、各々の存在について、各々の理由があります。また、目的とゴールが違うということに注意しましょう。目的には、始まりも終わりもないからです。つまり、あなたの目的とは人生の目的地ではなく、あなたの人生の旅路という意味です。あなたの目的とは、あなたの使命、あなたが造られた理由、あなたの熱意と才能が出会う場所。リーダーとしてのあなたの目的には、あなたが導く人たちの利益に対し、最大限の努力をすることが含まれなければいけません。そうでなければ、あなたの「リーダーシップ」はイエス様のように導くこととは正反対に、コントロールと搾取に終始することになります。

 さらに深く

　あなたの人生の目的を書き出すために、簡単な作業をしてみましょう。この作業は人生の目的を書き上げるための良いスタートになると思います。[4]まず、自分が思う自分の長所をいくつか挙げてください。あなただけが持つ天与の特徴を、下記のような言葉（名詞）を使ってリストにしてください。

元気	エネルギッシュ	創造性
ユーモア	忍耐力	対人関係
容姿	奉仕の精神	聴く力
愛嬌・ウィット	芸術性	コミュニケーション能力
体力	機嫌の良さ	その他＿＿＿＿＿＿

　次に、あなたが良好な対人関係を築く方法を、リストにしてください。あなただけが持つ天与の性質を、下記のような言葉（動詞）を使ってリストにしてください。

教える	愛する	売る
学ぶ	計画する	話す
管理する	励ます	世話をする
生み出す	助ける	建てあげる
導く	実行する	納得させる
やる気にさせる	刺激する	書く
教育する	夢を与える	整理する

最後に、あなたの思う完璧な世界——それを見てイエス様が微笑むような世界——を思い描いてください。そこで人々は何をして、どんなことを言うでしょう？ その完璧な世界を、下記に描写してください。（例：私の完璧な世界では、すべての人がイエス・キリストとの個人的な関係を通じて神様に出会い、人生における神様の使命に従って生きている。）

_____
_____
_____
_____

では、あなたの選んだ名詞2つと動詞2つと、あなたの思う完璧な世界の描写をひとつにまとめてください。あなたの人生の目的がどんなものか、その定義を見出すための足掛かりが、そこにあります。

_____
_____
_____
_____

あなたの未来図

あなたの未来図とは、つまり、人生であなたがどこへ向かっているのかということです。そして多くの場合、周囲に、自分のことをどんな人間として覚えていてもらいたいかということです。事実、あなたの未来図の本質とは、あなたの墓石に何と書かれるかということかもしれません（訳者注：海外では墓石は個人単位であり、そこには「愛された夫、父親」「素晴らしい娘」等、生前の故人の特徴を示す言葉が刻まれる）。これは不健全に聞こえるかもしれませんが、実のところ、未来図を考える時には、あなたが亡くなった時に準備される、あなたの追悼記事について考えることが有益なのです。

最初にこのアイディアを思いついたのは、19世紀後期におけるアルフレッド・ノーベルの体験について読んだ時でした。ノーベルはダイナマイトを発明した人物です。フランスで弟のルートウィヒが亡くなった時、新聞社のミスで、ルートウィヒではなくノーベルの追悼記事が載りました。結果として、彼は自身の追悼記事を読むという稀有な経験をしたのです。残念なことに、その追悼記事では、ノーベルが発明したダイナマイトがもたらした破壊に焦点があてられていました。自分はそんな風に記憶されるのかと思い、精神的に落ち込んだノーベルは、周りの友人たちや愛する人たちを集めて聞きました。「破壊の反対語は何だろう？」ほぼ全員の答えは「平和」でした。その結果、ダイナマイトによる破壊ではなく、平和的な人物として記憶されたいと思ったノーベルは人生をやり直し、財産の大半を費やしてノーベル賞を設立したのです。

時間を使って、あなたが死んだ時に書いてもらいたい追悼記事を書いてみてください。

_____
_____
_____
_____
_____

あなたのコアバリュー（中心的な価値観）
　あなたの価値観とは、あなたが最も重要だと思い信じていることです。そのことについて強い思いを持っていて、他の選択肢ではなく、最も重要だと思っているその事柄を選びます。個人的な価値観を育てる上で、3つのことを覚えていてください。

1. 余分な価値観を持たないこと。自分の価値観に基づいて行動が決まることを期待するなら、あなたが処理できる内容は3つから5つが限界です。
2. 優先順位をつける。人生は価値観同士の対立です。あなたの価値観の中からひとつだけを選ばなくてはいけないこともあります。ですから、優先順位が必要なのです。
3. 自分の価値観に行動が伴っている。自分の価値観に従って生きているかどうか、どうすればそれが分かるでしょう？

　あなたのミッションステートメントと追悼記事を編集した後、下の空欄にあなたの価値観を書き始めてください。

私は _____ に価値を置き、その価値観によって生きていると知っています。
それは、こういう時です。_____ 。

私は _____ に価値を置き、その価値観によって生きていると知っています。
それは、こういう時です。_____ 。

私は _____ に価値を置き、その価値観によって生きていると知っています。
それは、こういう時です。_____ 。

私は _____ に価値を置き、その価値観によって生きていると知っています。
それは、こういう時です。_____ 。

さあ、あなたの価値観に関する考えをまとめた文章を完成させ、次のグループセッションで、今日学んだことについて話し合えるようにしましょう。

_____
_____
_____

 キーコンセプト

　価値観の優先順位を決めるにあたり、イエス様が私たちの前に置かれた１番の優先順位を知り、理解することが大切です。パリサイ派の人たちはイエス様を試そうとして、こう質問しました。「『先生。律法の中で、たいせつな戒めはどれですか。』そこで、イエスは彼に言われた。『心を尽くし、思いを尽くし、知力を尽くして、あなたの神である主を愛せよ。』これがたいせつな第一の戒めです。『あなたの隣人をあなた自身のように愛せよ』という第二の戒めも、それと同じようにたいせつです。律法全体と預言者とが、この二つの戒めにかかっているのです。」（マタイの福音書22:36-40）

　イエス様が順位づけた２つの価値に注目しましょう。

1. 心をつくし、精神をつくし、思いをつくして、主なるあなたの神を愛せよ。
2. 自分を愛するようにあなたの隣人を愛せよ。

　イエス様のフォロワー、弟子として、イエス様のリーダーシップに倣うこと。イエス様の価値観を自分のリーダーシップの価値観とすること、イエス様の優先順位を自分の優先順位にすることが求められています。順位がついても、それが行動に移されない限り、その価値観が目的達成や未来図の推進力になることはありません。

　これこそが、イエス様が３年間の公的人生の宣教を通じて行ったことです。行動を見てその人の価値観がはっきりする時に、その人の成長の理由と進捗が分かります。

 今日の熟考ポイント

　10歳になる自分の娘からインタビューされていると想像してください。その娘から「私たち家族の中で１番大事な４つのルールは何？　どれが１番？」と聞かれたら、あなたは何と答えますか？

▶ 次のステップ

今週作ったミッションステートメントを下の空欄に書いてください。あなたのミッションステートメントに出てくる言動を表す言葉に丸を付けてください。今日、あなたのミッションステートメントを実行に移すためには、どんな行動が取れるでしょうか？

_____
_____
_____
_____
_____
_____

第3週
第4日 | 4 ••••

チーム・組織の絶対的なビジョンを作る

今日の引用
「あなたのビジョンが向こう1年のことなら、小麦を植えよ。10年なら木を植えよ。一生なら人を植えよ。」⁵

中国のことわざ

今日の御言葉
「何をするにも、人に対してではなく、主に対してするように、心からしなさい。あなたがたは、主から報いとして、御国を相続させていただくことを知っています。あなたがたは主キリストに仕えているのです。」

（コロサイ人への手紙3:23-24）

内省の時間
リーダーとしての責任にどのような態度で臨むべきか。そのことについて、今日の御言葉は何と言っていますか？

_____
_____
_____
_____
_____

今日の祈り
神様、私の心をお捧げし、私のすべてをお捧げし、そして、あなたのためだけに生きます。私の呼吸すべて、起きている時間のすべてを、あなたのためだけに使って生きます。私のビジョンをあなたのビジョンにしてください。そして、毎日100％そのビジョンによって生きられますように！　イエス様の御名によって、アーメン！

今日のテーマ
チーム・組織の絶対的なビジョンを作る

　チームを導く時にフォーカスすることは、コミュニティという意識を生成することそしてチームの中で特別に秀でている人物はいないということを強調することです。組織的なリーダーシップは、より複雑です。なぜなら、複数のチームや部を導く時、あなたは文化——つまり、あなたのビジネスに対するアプローチを反映する行動パターン——の育成に焦点を当てることになるからです。すべての組織には文化があります。目標達成を促すような文化を作らなければ、文化そのものが勝手に進化して機能不全になったり、目的に反したりする可能性があるのです。

　「リーダーとは、奉仕されるのではなく奉仕することを意味する」と言うと、みんなを喜ばせる存在でなければならないという意味にとる人が多くいます。しかし、それはイエス様が意図するサーバント・リーダーシップとは全く異なります。イエス様はみんなを喜ばせようとしたでしょうか？ イエス様が弟子たちの足を洗い、自分の大使として送り出した時のことを考えましょう。人々がして欲しいことを何でもしなさいと、弟子たちに言いましたか？ もちろん、このふたつの質問の答えはNoです。イエス様は、たった1人の観客である父なる神様を喜ばせることに、間違いなく100％集中していました。

　私たちが考える有能なリーダーシップへのアプローチについて懐疑的な人たちは、「サーバント（執事）」と「リーダー」という言葉は両立しないと主張します。導くことと奉仕することを同時に行うなんて、どうやって？ このように考える人たちはイエス様が示した有能なリーダーシップにおけるふたつの点を理解していません。

1. **ビジョンを持って導く役割** —— リーダーとしての側面。目的地とそこまでの過程を設定する。
2. **実行者としての役割** —— 奉仕者としての側面。周囲に仕えることにフォーカスしながら、正しい方法で物事に対応する。

　効果的なリーダーシップは、明確なビジョンを持つことから始まります。もし、あなたのフォロワーたちが、あなたがどこへ行こうとしているのか、あるいは彼らをどこへ連れて行こうとしているのか分からないと、そこにたどり着くまでに苦労することでしょう。絶対的なビジョンは、明確な方向性を示し、みんなのエネルギーが目的地にたどり着くことに集中するようにしてくれます。この章の導入部で触れたとおり絶対的なビジョンには3つの要素があります。

1. **あなたの目的**　あなたは何者なのか？ どんなビジネスをしているのか？ あなたにとっての家族とは？
2. **あなたの未来図**　あなたはどこへ向かっているのか？ 目的に沿った人生を歩んだら、どんな未来が待っているのか？
3. **あなたの価値**　あなたの旅路を導くものは何か？ あなたは何を信じ、何を支持するのか？ どんな主義主張に基づいて物事を決めるのか？ 時間を取って、あなたの組織の目的、未来図、価値観を書き出してください。対象は、ビジネス、教会、家族、もしくはグループのいずれでも構いません。

- あなたの組織の目的・ミッションは何ですか？
  _____
  _____

- 組織にいる人たちをワクワクさせるような、あなたの組織の未来図は何ですか？
  _____

- あなたが組織を導く中で、顧客やクライアントにあなたの組織を信頼させる価値観はどんなものですか？
  _____

あなたの目的

　あなたはどんな事柄に携わっていますか？　何を達成しようとしていますか？　あなたのミッションステートメントは何ですか？　イエス様は、自身と弟子たちがどんなことに携わっているかを、明確に理解していました。イエス様は弟子たちを単なる漁師でなく、人間をとる漁師になるという大いなる目的のため召されました。効果的なミッションステートメントとは、公益に対するより大きな目的を表現するものであり、組織のひとりひとりの努力に意味を与えるものでなければいけません。

　ウォルト・ディズニーがテーマパークを始めた時、彼は人々をその気にさせる術を知っていました。当時のディズニーの（そして今のディズニーも）、彼らの仕事は「幸せ」に関することでした。テーマパークの仕事に携わっているというよりも、幸せに関する仕事に関わっているという方が素敵だと思いませんか？　ディズニーのキャスト（従業員）の仕事において、そしてゲスト（顧客）へのサービスにおいて、幸せのビジネスに携わっているという事実が、その原動力になっているのです。ミッションを掲げても、そのミッションステートメントがより高い目標をサポートする内容になっていなければ、それは人々を刺激しません。目的が明確であれば、あなたは自分が何をしているのか、何に携わっているのかがすぐ分かります。「リード・ライク・ジーザス」のミニストリーにおいて、私たちの目的は「イエス様のように導くように人々を鼓舞し、彼らを備えることによって神様をたたえること」です。あなたの組織に明確な目的がない、あなたのミッションステートメントがみんなに理解されないような内容になっている、あるいは、あなたのミッションステートメントが人々に刺激を与えないというようなことがあるなら、あなたの組織や家族は道を見失い始めているとも言えます。聖書にあるように「預言（ビジョン）がなければ民はわがままにふるまう」（箴言29:18、KJVの和訳）のです。言い換えると、神様の手引きなしには、法と秩序は消滅します。ビジョンがなければ、人々は滅びるのです。

あなたの未来図

　絶対的なビジョンの２つ目の要素は、あなたがどこへ向かっているのかを示す未来図です。あなたの計画通りに物事が運んだ場合、あなたのチームや組織の将来はどうなるでしょう？　弟子たちを送り出す時、イエス様はご自身の未来図を彼らに伝えました「それゆえ、あなたがたは行って、あらゆる国の人々を弟子としなさい。そして、父、子、聖霊の御名によってバプテスマを授け、また、わたしがあなたがたに命じて

おいたすべてのことを守るように、彼らを教えなさい。見よ。わたしは、世の終わりまで、いつも、あなたがたとともにいます。」（マタイの福音書28:19-20）

　自分の目的通りに人生を歩み、すべてが上手く行った時にはこうなって欲しい。あなたは、そのように未来図を描くでしょう。あなたは明確な未来図を持っていますか？良い仕事とは何ですか？　計画通りに物事が進んだ時の未来はどんなものですか？　これらの質問に対する具体的な答えを出すことは、あなたに関わる人々、そしてあなたの組織の両方にとって大切なことです。

　「リード・ライク・ジーザス」のミニストリーの未来図は「いつの日か、すべての人があらゆる場所で、イエス様のように導く誰かから影響を受けること」です。その達成のため、私たちは次のようなことを期待しています。

1. すべてのリーダーが、イエス様をロールモデルとする。
2. イエス様のように導くクリスチャンのポジティブな影響によって、すべての人がイエス様に引き寄せられる。

　このような未来図があれば、困難に陥った時でも前進し続けることができます。また、組織が急停止したり、間違った目的地にたどり着いたりすることもなくなります。

あなたの価値観

　絶対的なビジョンの3つ目の要素は価値観です。それは、あなたの旅路を導くものであり、あなたが組織に求める言動の根拠となる、しかし実態のないものです。私たちの経験上、メンバーのために、価値観を明確に文章化している組織は、世界でもほとんどありません。

　価値観を書き出している会社があっても、その数が多すぎたり、優先順位をつけていなかったりするところが多くあります。価値観を明示し、優先順位をつけることは、なぜ大切なのでしょうか？　それは、問題が起った時に、人々がどの価値観が最も大切なのかを分かっていなければいけないからです。

　組織内でのあなたの行動を司るものが、価値観です。価値観とは、その人にとっての妥協を許さない根本的方針であり、それによって、リーダーの特徴が定義されます。

　価値観は、説明的であると同時に指示的でもあります。それはまず、あなたにとって最も大切な特質を語ります。その特質は、あなたの人生で、今、1番はっきりしている価値観に完璧に則していますか？　答えがどちらであっても、現実的に、そのような特質は、あなたにとって明らかに大切な価値観に、完全に即したものでなければいけません。あなたにとって、今、最も確信していることとあなたの価値観が似ているという点で、価値観は説明的です。また、あなたが望んでいるものとあなたの価値観が近いという点で、価値観は指示的です。それが、あなたとあなたの組織にいる人すべてにとっての現実なのです。

ゴールを設定する

　ビジョンが設定できて初めて、この質問に答えるためのゴールを設定できます。今、あなたのメンバーに、どんなことに集中して欲しいですか？　絶対的なビジョンというものは、ゴールに真の重要性を与えます。ゴールは多くても、3つから5つに抑えましょう。あなたが「1番大きな変化をもたらせることができる」と考えるゴールに集中して、作業に当たるためです。

　ゴール設定で重要なのは、「正しい言動」とは何か、そのことについて全員に同じ理解があることを確認することです。ティーンエージャーに部屋の片づけをするよう言っ

たことがある人なら、「部屋を片づけなさい」という一般的な指示は効果的でないことを知っています。2時間後に部屋に戻ると、ティーンエージャーは全く手を付けていないカオスの中にポッカリできた1メートル四方の綺麗な空間に誇らしげに立って自信満々に「言われたとおりに片づけたよ！」と主張するのです。

さらに深く

あなたの未来図は、目的と価値観に従ってあなたが生きることを前提として作られます。

あなたはどんな未来図を持っていますか？　未来図に関して、どのような不確実要素がありますか？

_____
_____
_____
_____
_____

良い仕事とはどのようなものだと思いますか？

_____
_____
_____
_____
_____

計画通りに物事が運んだとして、その未来はどのようなものだと思いますか？

_____
_____
_____
_____

これらの質問に対して詳しく答えることは、（組織や家庭を問わず）長期的な成果と良い人間関係のかじ取りをしていく中で、大切なことです。

未来図は困難に陥った時に、人を前進させ続けさせます。未来図は、人々が急停止したり、間違った目的地に到着したりすることを防ぎます。未来図の中で、ゴールとビジョンを区別することは大切なことです。ゴールは特定の出来事であり、一旦達成すればそれは歴史のひとつになって、新しいゴールにとって代わられます。未来に対するビジョンや未来図は、現在進行中で、進化する、希望にあふれる未来への思いです。

そうしたビジョンは、そこに終わりや限界はないと理解する人々の心を揺さぶります。

イエス様はその伝道中、御国がどのようなものかということを語りました。イエス様は御国の価値観、教え、たとえ話、奇跡、そして最終的な成就について語り続けました。イエス様は弟子たちに明確な未来図を与え、そして弟子たちはその未来図に全力を傾けたのです。

さらに深く

あなたの組織や家族の未来図は何ですか？

組織: _____

家族: _____

あなたの組織や家族がそのビジョンに近づくのを助けるための、あなたの役割は何ですか？

組織: _____

家族: _____

組織や家族のビジョンにあなたが参加することに対し、あなたと神様との関係はどのように影響しますか？

組織: _____

家族: _____

キーコンセプト

- リーダーシップとは、どこかへ行くことである。私生活でも、家庭でも、組織でも、効率的なリーダーシップは明確なビジョンと共に始まる。

- フォロワーたちが、あなたがどこへ行こうとしているのか、彼らをどこへ連れて行こうとしいるのかが分からないと、彼らが喜んでその道に加わることは期待できない。

- リーダーの熱意と目的を超えて、それ以上に拡大する組織や活動はない。もし、自分のフォロワーにとって望ましい未来図に責任を持てないのであれば、あなたは偽善者であり、その影響力を誤用している。

- イエス様は私たちに最高の使命——神様を讃え、お互いを愛し合うこと——に従うようにと召されている。十字架での苦難をもって、イエス様はすでにその使命を私たちに示した。

第3週 - 第4日

💡 今日の熟考ポイント

「行動を伴わないビジョンは、白昼夢と言う。一方で、ビジョンを伴わない行動は悪夢と言う。」
　　　　　　　　　　　　　　　　　　　　　　　　　　　ジム・ソレンソン

▶ 次のステップ

イエス様に従う者としてあなたが将来のビジョンを語る時に、どんな言葉やフレーズを使いますか？

_____
_____

あなたの家族の将来を語る時は？

_____
_____

あなたの組織の将来を語る時は？

_____
_____

これらのビジョンを実現するために、あなたが取れる次のステップは何ですか？

_____
_____
_____
_____
_____

第3週

第5日 | 5 •••••

あなたの絶対的なビジョンを実践に移す

今日の引用

「リーダーが奉仕者になる時、……伝統的なピラミッド型の階層は逆転する。そうすることで、顧客に最も近い前線に立つ人たちが上へ、すなわち顧客に対して責任を持てる（対応できる）地位に就くことになる。」[6]

ケン・ブランチャード、フィル・ホッジズ、フィリス・ヘネシー・ハルバーソン

今日の御言葉

「イエスは、彼らの足を洗い終わり、上着を着けて、再び席に着いて、彼らに言われた。『わたしがあなたがたに何をしたか、わかりますか。あなたがたはわたしを先生とも主とも呼んでいます。あなたがたがそう言うのはよい。わたしはそのような者だからです。それで、主であり師であるこのわたしが、あなたがたの足を洗ったのですから、あなたがたもまた互いに足を洗い合うべきです。わたしがあなたがたにしたとおりに、あなたがたもするように、わたしはあなたがたに模範を示したのです。』」（ヨハネの福音書13:12-15）

内省の時間

伝統的なピラミッド型階層は、リーダーシップにおける先見性という側面で効果的です。人々はビジョンと方向性の両側面で、リーダーを頼ります。方向性の決定において、リーダーが経験ある人たちの意見を取り入れることがあったとしても、絶対的なビジョンを設定する最終責任は依然リーダーにあり、その権限を委譲することはできません（P.92　図参照）。一度ビジョンを設定すると、組織内の他の人々はそれに対応し、またそのガイドラインに沿って生きることを求められます。

今日の祈り

神様、効果的にビジョンを導入するためには、すべてのリーダーが奉仕者にならなければいけないことを、あなたは明らかに示してくださいました。周囲を導くにあたり、先見者の役割と奉仕者の役割の両方を私が受け止められるよう、助けてください。イエス様の御名によって、アーメン。

今日のテーマ
あなたの絶対的なビジョンを実践に移す

先見者／指揮者の役割

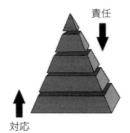

あなたは人々をどこへ連れて行きたいのか、彼らがその理由をハッキリと理解するや否や、重点は、リーダーシップの2つ目の役割である「実行」へと切り替わります。こうなった段階で、リーダーであるあなたは、ある意味ビジョンに奉仕する者（サーバント）になるのです。あなたが導く人たち、すなわち、自分のビジョンに沿って行動し、示したゴールを達成するようにお願いした人たちに対し、奉仕するということです。

リーダーがサーバントになったなら、下図が示す通り、伝統的なピラミッド型階層が逆転しなければなりません。そうすることで、顧客に最も近い前線に立つ人たちが上へ、すなわち顧客に対して責任を持てる（対応できる）地位に就くことになります。このシナリオでは、奉仕するのはリーダーです。リーダーが人々のニーズに対応し、設定したゴールの達成や顧客経験のビジョンに沿った行動が取れるよう彼らを訓練し成長させるのです。

指揮者としての役割

弟子たちの足を洗った時、イエス様のフォーカスは、先見性を持つ責任、あるいはリーダーとしての役割から、指揮者あるいはサーバントの役割へと移行しました。イエス様は階層ピラミッドを逆転させたのです。この過程で、イエス様は有能なリーダーシップの真の本質を示し、弟子たちに同じことをするようにチャレンジしました。リーダーやマネージャーにサーバント・リーダーになることについて話すと、自分の権限が失われることを心配する人が多くいます。イエス様のようなリーダーやマネージャーとして、あなたの権限が変わることはありません。それでいながら、人々のニーズに対応するようになったあなたの効率は、飛躍的に向上するのです。

残念ながら、教会やビジネスにおける一部のマネージャーは周りへの奉仕よりも自身の地位を守ることに固執し、結果として、人々のニーズへの対応に失敗するのです。

効果的なリーダーシップを導入する段階で、ほとんどのリーダーや組織は、トラブルに巻き込まれます。伝統的なピラミッド型階層は維持されたまま。しかし、上司を喜ばせなければいけないという思いから、顧客ではなく、上位階層に向かってすべてのエネルギーを費やすからです。無視された顧客の位置は、ピラミッドの底です。前述したように、このような組織では、利己的なリーダーが羊は羊飼いの利益のために存在すると思い込んでいるのです。イエス様はこの権威主義的なピラミッド型階層に反対し、こう言いました。「あなたがたの間では、そうではありません。あなたがたの間で偉くなりたいと思う者は、みなに仕える者になりなさい。」（マタイの福音書20:26）

フォーマル組織以外の場所での適用

フォーマル組織（訳者注：いわゆる組織図などで定義づけられ、権限や責任、階級、指揮・命令系統などが公式に定められる）という枠組みにおける有能なリーダーシップの2つの役割に焦点を当て、お話ししてきました。しかし、ここで明確にしておきたいことがあります。家庭、教会、ボランティア団体（訳者注：このような組織がフォーマル組織の反意語であるインフォーマル組織に当たる。自然発生的に結びついた人々によって構成された組織）で、人生に影響を与えるあなたのリーダーシップにおいても、同じことが言えるのです。たとえば、家族の中では、両親は家族のためにビジョンを設定し、ゴールを設定します。家庭内でイエス様のように導くということは、家族ひとりひとりの最善の利益に対して献身的に奉仕することがあなたのビジョンであるということです。弱点や欠点につけ込むのではなく、家族それぞれの最善な側面を伸ばすよう努力することです。

🔍 さらに深く

神様であり師でもある方がご自身を謙遜にし、実に個人的で、親密で献身的に働かれました。これは、弟子たちにとって素晴らしい経験だったに違いありません！ 自分が弟子の1人だと想像してみてください。イエス様に足を洗われたら、非常に謙虚な気持ちになることでしょう。

では、あなた自身の人生について考えてみてください。

あなたが知っている人物が、謙虚なリーダーシップに基づく行いをしたのはいつですか？ それはどんなことでしたか？

_____

_____

それを目撃した時、あなたにはどんな思いや感情が生まれましたか？

_____

_____

リーダーシップネットワークの創設者で『ハーフタイム』の著者であるボブ・バフォードは、人生の終わりに神様の御前に立つことは、イエス様を神様と告白する人はみんな「期末試験」に直面することだと信じています。バフォードよると、その期末試験で尋ねられるのは、イエス様と何をしたか？ そして、与えられたリソースを使って、あなたは人生で何をしたか？ の２問だそうです。

これまでの、リーダーとしてあなたの「指揮者」の役割をどう評価しますか？ 改善点はありますか？ 下記に簡単にメモしてください。

_____
_____
_____
_____

証拠が見つかる場所

価値観が行動に直結しなければ、目的達成も未来図に向かった推進もないでしょう。行動的な表現の中で価値がどのように実現しているのかを明確にすることにより、その人の成長の理由とその度合いが分かります。

「リード・ライク・ジーザス」では、価値観に関して、以下のような順位づけをしました。

1. 行動のすべてにおいて神様をたたえる。
2. 史上最も有能なリーダーシップのモデルとしてのイエス様に、敬意の念を持つ。
3. 信頼と尊敬に基づいた関係性を築く。
4. 聖書的に正当な内容と教えを作る。
5. 賢明な奉仕精神をもって、時間、リソース、賜物、影響力を運用する。

こうした価値観には、それぞれ、実践上の定義があります。たとえば「私たちの行動すべてにおいて神様をたたえること」とは、以下のような時です。

- すべての功績を神様のものとする。
- すべての問題について、神様の働きにお委ねする。
- 共に賛美し、共に学び、共に祈ることで神様の御顔を望む。
- 神様が私たちを愛するようにお互いに愛し合う。私たちは愛ある真実を語る者として、ひとりひとりの神様への献身に敬意を表し、お互いの霊的な健全性と幸福を促す。
- 忍耐、優しさ、寛大、親切、謙遜、平穏、正直、誠実を通して、お互いへの愛を表現する。
- 公私ともに「リード・ライク・ジーザス」のメッセージに基づいて大胆に生きる。

リーダーシップにおける成功は、組織の価値観がどれだけ明確に定義づけられ、それに関する指示が与えられ、リーダーがその価値観を体現できるかどうかにかかっています。

難しい価値観に対する判断

　多くの人は、すでに稼働している組織や団体で、そして、そのような場所では当然存在する運営上の価値観の中で働いている、あるいは働くことになるでしょう。組織的な価値観と個人的な価値観の間に衝突が起きるのは、この世界の現実です。組織的な価値観があなたの価値観と一致しない場合、どうすれば良いのでしょうか？　公にうたわれている組織の方針と目的の間にズレがあることを日常的に経験していく中で、あなたはこの問題に気づくかもしれません。この中で、あなたは自分の価値観を妥協させることを合理的に捉えるか、組織が変化することに前向きな影響を与えようと努力するか、または組織を去るかの選択に直面します。

　イエス様のように導くことは、組織によってあなたの価値観が変えられることを善としません。自分自身の価値観を妥協したくなる誘惑の根本は、EGOの問題——拒絶への恐れ、失敗への恐れ、貧困の恐れ、嘲笑されることへの恐れ、対立の恐れ、地位の喪失の恐れといった、特に有害な恐れ——から派生している可能性が高いでしょう。

　イエス様は、同時に２つのことに仕えることは不可能だと言って、選択という問題に触れています。

　　「しもべは、ふたりの主人に仕えることはできません。一方を憎んで他方を
　　愛したり、または一方を重んじて他方を軽んじたりするからです。あなたが
　　たは、神にも仕え、また富にも仕えるということはできません。」（ルカの
　　福音書16:13）

　また、妥協することへの長期的な代償を指摘することで、妥協に対する究極のチャレンジを出されました。「人は、たとい全世界を手に入れても、自分自身を失い、損じたら、何の得がありましょう」（ルカの福音書9:25）。つまり、イエス様が私たちを独りにすることや、私たちがイエス様の保護と配慮の外側に出たりすることは決してないという約束を信頼して良い、と私たちに伝えているのです。

　イエス様のように導くことは、自分が変化をもたらす力となるか、あるいは、より自分に合った環境を探すかの二者択一という可能性を含んでいます。置かれた状況に対する正しい対応とは、あなたに対する神様の御心を元に反応することです。

　人生は選択がすべてです。あなたが認めようとそうでなかろうと、選択はあなたの価値観に基づいて行われます。あなたが人生で重ねてきた選択の結果が、あなたという人物なのです。人生を変えたいのであれば、有能なリーダーであるイエス様の価値観を受け入れましょう。

さらに深く

組織内で価値観の衝突に直面していますか？ もし、そうだとしたら、今日読んだ部分から学んだことに照らし合わせて、あなたの選択肢について考慮してください。

そこに 留まる、なぜなら ……

_____

そこを離れる、なぜなら ……

_____

これらの価値観に基づいて、神様があなたに望まれている価値観と選択を示してくださるよう、神様に祈ってください。

キーコンセプト

- リーダーシップは権力ではない。コントロールでもない。それは、人々がビジョンに沿って生きる手助けをすること。
- 自分のフォロワーがチームまたは組織のビジョンに沿って生き、ゴールを達成し、顧客に対応する中で、彼らを助ける。このようなサーバント・リーダーシップは、イエス様のように導く実践過程において重要である。

今日の熟考ポイント

私たちが考える有能なリーダーシップへのアプローチについて懐疑的な人たちは「サーバント（執事）」と「リーダー」という言葉は両立しないと主張します。導くことと奉仕することを同時に行うなんて、どうやって？ このように考える人たちは、イエス様が示した有能なリーダーシップにおけるふたつの点を理解していません。ビジョンを持って導く役割は、リーダーとしての側面であり、目的地とそこまでの過程を設定します。指揮者としての役割は、奉仕者としての側面であり、周囲に仕えることにフォーカスしながら、正しい方法で物事に対応することが求められます。

- リーダーシップにおける２つの側面——ビジョンと指揮——そして、どこに向かっているのか、どのようにそこへ行くのかの両方について、人々がワクワクするような環境を作り上げるというリーダーの役割について、自分の言葉で説明してください。

_____
_____
_____

▶ **次のステップ**
　人生とは選択！　あなたが選択したことの中で、お祝いするに至ったものをひとつ挙げてください。

_____

_____

　あなたに悲しみをもたらした選択をひとつ挙げてください。

_____

_____

　これら2つの経験から、価値観について何を学びましたか？

_____

_____

第4週

有能なリーダーの「手」　パート1

今週の暗唱聖句

「イエスは彼らに言われた。『わたしについて来なさい。あなたがたを、人間をとる漁師にしてあげよう。』」

（マタイの福音書4:19）

職場で、家庭で、教会で、コミュニティで、周囲の人々に、あなたのことをどんなリーダーであったと覚えてほしいですか？　イエス様のように導くことは、学習コースではなくライフスタイルです。結果を出せるように、あなたと対等のパートナーになるところまで人々を成長させる！　それは、あなた自身の決意なのです。そこでの作業は、イエス様の例に倣い、周囲の人々の人生にあなたの人生を注ぎ込むこと。自分のリーダーシップという遺産を遺すことです。

イエス様のように導くことは、理論や希望をもたらす以上のものです。あなたが従っている人——すなわちイエス様——を体現するものとして、リーダーシップを発揮する時には従順であるように、という召しです。イエス様の似姿をさらに求めて実際に言動を変えること、そして行動する前に「イエス様だったらどうするか？」と自問するようになることです。

今週学ぶ「手」とは、イエス様のように導くことの行動的要素を強力に象徴するものです。聖書はイエス様の手が働いている鮮明なイメージで満ちあふれています。手を使って病人を癒し、ツァラアトの人を清め、空腹の人を満たし、両替人の作業台をひっくり返し、近しい弟子たちの足を洗い、罪深い人間を救うために十字架に架かる。イエス様の手による仕事は様々でしたが、その動機として常にそこにあったのは、人々を聖であり愛である神様に目を向けさせること、彼らが自分の罪に気づけるよう手助けすること、イエス様を救い主そして王と呼べるように励ますこと、イエス様の愛と赦しと永遠の命を知るようにすることでした。聖書を読めば、イエス様が様々な形のリーダーシップを体現し、それによって、日々接する人たち（弟子たち）そしてイエス様と接したわずかな時間の中で人生を変えるような出会いをした人たちに対し、彼らの必要を満たされたことが分かるでしょう。

第4週-はじめに　99

第4週
第1日 | 1.

パフォーマンス・コーチ*としてのリーダー
*その人の潜在能力を最大限に発見できるよう、支援・指導する人のこと

今日の引用
「イエス様が弟子たちに自分についてくるようにと命じた時、『人間をとる漁師』へと成長させることに、100%のサポートとガイダンスを与えると固く約束された。これが有能なリーダーの責任。すなわち、フォロワーたちの人生に、リーダー自身の人生を投資し続けることである。」[1] 　　ケン・ブランチャード、フィル・ホッジズ

今日の御言葉
「イエスがガリラヤ湖のほとりを歩いておられたとき、ふたりの兄弟、ペテロと呼ばれるシモンとその兄弟アンデレをご覧になった。彼らは湖で網を打っていた。漁師だったからである。イエスは彼らに言われた。『わたしについて来なさい。あなたがたを、人間をとる漁師にしてあげよう。』彼らはすぐに網を捨てて従った。そこからなお行かれると、イエスは、別のふたりの兄弟、ゼベダイの子ヤコブとその兄弟ヨハネが、父ゼベダイといっしょに舟の中で網を繕っているのをご覧になり、ふたりをお呼びになった。彼らはすぐに舟も父も残してイエスに従った。」
（マタイの福音書4:18-22）

内省の時間
リーダーとしてのあなたの立場と関連づけながら、今日の御言葉についてもう一度考えてみてください。イエス様は、どのようにあなたを召しましたか？ あなたが召された目的は何ですか？

_____

_____

_____

_____

_____

今日の祈り
神様、かつて弟子たちを召された時のように、あなたは今日も弟子たちを召されています。私には捨てる網はありませんが、あなたの使命は同じです。私に資格があるから召されたのではありません。この世界の基ができる前から、あなたが私のために準備された仕事をする資格を与えてくださっていることに感謝します。イエス様の御名によって、アーメン！

今日のテーマ
パフォーマンス・コーチング

ペテロと呼ばれたシモン、アンデレ、ヤコブ、そしてヨハネに対し、イエス様は自習スタイルの学習コースやセミナー、名門大学での教育は施しませんでした。その代わりに、「……してあげよう」とおっしゃったのです。これはイエス様のようなリーダーの人生において重要な特徴です。彼らは羊飼いであって牛飼いではありません。羊飼いは愛と養育で導きます。牛飼いは力と恐れを使って導きます。このようにしてイエス様はリーダーシップを再定義しました。そしてそのリーダーシップは、当時の世界を揺さぶり、そして今も世界を揺さぶり続けています。

イエス様のような効果的なリーダーは、パフォーマンス・コーチのような言動を取ります。有能なリーダーの本質的な責任とは、フォロワーたちの人生に投資し続けることです。イエス様は秀でたパフォーマンス・コーチであり、弟子たちがイエス様に従い続けることができるよう、彼らの成長に合わせてリーダーシップのスタイルを変えました。自分についてくるようにとイエス様が弟子たちに命じた時、彼らを「人間をとる漁師」へと成長させることに、100％のサポートとガイダンスを与えると、固く約束されました。これが有能なリーダーの責任——フォロワーたちの人生にリーダー自身の人生を投資し続けること——です。パフォーマンス・コーチとして、自分がいなくなった後も弟子たちが前進し続けられるよう、イエス様は彼らに力を与えました。イエス様の手（効果的なリーダーシップの態度）を通して、有能なリーダーについての心と頭の何たるかを伝えたのです。

パフォーマンス・コーチとしてのリーダー

パフォーマンス・コーチとは何を意味するのでしょうか？　パフォーマンス・コーチの仕事は、業務および目標の設定、日々のコーチング、そして評価の三点が含まれます。

- パフォーマンス・コーチになる上で、まずは、それぞれ下記の部分が何を意味するのかを予想して、下記の空欄に書いてください。

業務および目標の設定：

_____
_____

日々のコーチング：

_____

_____

評価：

_____

_____

_____

下記の説明を読んでから、上記の回答を評価してください。

業務および目標の設定とは、最初にまず期末試験をするようなことです。この段階でゴールを設定するのはあなたです。良いパフォーマンスは明確なゴールから始まることを思い出してください。大学教授は授業のゴールを明確に伝えるため、生徒に講義要目を配ります。ゴールの中には、要求事項だけでなくゴール達成の有無を測る基準も入れます。業務および作業目標を設定するにあたり、目的が明確であることの重要性は、いくら強調しても足りません。良い仕事とはどんなものであるかを明確に伝えなければ、作業の途中でリーダーが、フォロワーが、あるいはその双方がストレスを感じることになるでしょう。

日々のコーチングとは、人々の業務を観察し、成長を褒め、そして彼らが的外れな努力をしていたらそれを軌道修正することです。労力と時間がかかる作業なので、リーダーの多くはこのステップを避けたがります。家庭では、両親が設定したゴールの達成に向けて努力する子供たちに対し、チアリーダー、サポーター、励まし手として両親が彼らに仕えることがこれに当たります。

評価とは、ゴール達成に対する努力を振り返ることです。学習の場では生徒に期末試験や最終課題が与えられます。一方教授も、生徒からの評価を受けます（訳者注：海外の教育機関では、教師に対する生徒からの評価アンケートが行われる）。教授にとっては、この評価が期末試験となります。

さらに深く

これまで、人々の業績が上がる手助けをすることに重点を置いて話をしてきましたが、イエス様のように導くことは、それ以上のことなのです。イエス様にとって、高評価とは行動や業績に留まりません。それは、イエス様を愛する心を持って周囲に仕えることにより、イエス様のご性質を模範とした人物でいるかどうかということなのです。

コリント人への手紙第一13章を読んで、本質の伴わない行動について考えてみてください。何を学びましたか？

_____

_____

_____

ここでの公式は至ってシンプルです。（すべてのこと）−<ruby>−<rt>マイナス</rt></ruby>（愛）＝（無）！

⭐ キーコンセプト

- 日々のリーダーとしての働きの中で、結果と人間関係を得るために不可欠な３つの要素は、業務および目標の設定、日々のコーチング、評価である。
- 良い仕事とはどんなものであるかを明確にフォロワーに伝えなければ、途中でリーダーが、フォロワーが、あるいはその双方がストレスを感じることになる。
- 「ビジョンの実現に対するリーダーのコミットメントを問う」という最も難しいテストで図られるのは、日々のコーチング、そして価値観の強化に投資するリーダーの意欲である。

今日の熟考ポイント

これまでの人生の中で、あなたの成功を助けるために時間を使ってくれた人について考えてください。その人がしてくれたこと（複数回答）、そしてゴール達成のためにどのようにコーチしてくれたのかを書いてください。

_____

_____

_____

_____

▶ 次のステップ

今、あなたからのコーチングを受ける必要があるのは誰ですか？　その人を助けるために、まずはどんなことができますか？

_____

_____

あなたは誰からコーチングを受ける必要がありますか？

_____

_____

第4週
第2日 | 2

大工の仕事

> **今日の引用**
> 「結局のところ、今の自分を維持しているだけではなるべき自分にはなれない。そう覚えておくことが重要だ。」²
>
> マックス・デ・プリ―

今日の御言葉

「その人は、地面を深く掘り下げ、岩の上に土台を据えて、それから家を建てた人に似ています。洪水になり、川の水がその家に押し寄せたときも、しっかり建てられていたから、びくともしませんでした。」
（ルカの福音書6:48）

内省の時間

あなたの人生に「ことば」をどのように取り入れていますか？　聖書はどのようにあなたの考えやリーダーシップに影響を及ぼしましたか？　御言葉を適用するのに何が必要ですか？

_____

_____

_____

今日の祈り

王なるイエス様、私の周囲で生活し、私が影響を与える人たちを最も適切な方法で導き愛するため、あなたの御言葉を読み、聞き、適用できるように助けてください。日常生活であなたの存在を体現できるよう、私の心、頭、そして手を育ててください。あなたの誠実な御名によって、アーメン！

今日のテーマ
大工の仕事

　イエス様の一生において、無作為で無目的なことはひとつもありませんでした。イエス様の誕生、死、復活によりメシア預言が成就され、それによって神様の完璧な計画が存在することが証しされました。イエス様が大工として過ごされていた間、イエス様は、神様がご自身に知って欲しいと望まれたそのすべてを学びながら、何者でもない人間として30年を過ごされました。イエス様の人生のすべての局面がそうであったように、この大工として過ごした時間も、偶然ではないのです。伝道者のヘンリー・デュモンドは「大工の作業場でイエスは何をしていたのか？　練習だ。」[3]と言っています。

　この練習・準備期間の重要性は何でしょうか？　メシアとしての役割、またパフォーマンス・コーチやその他の役割の準備をするのに、イエス様が大工として働いたことはどのように役立ったのでしょうか？

　私たちは、良い大工と良いリーダーの間にある類似点を学び、リーダーシップに適用できる点を探求し、以下のようなことを発見しました。

1. 良い大工と良いリーダーは、まだ存在していない何かについて想像し、その何かを作り上げるために必要なことを実行に移す責任を負わなければいけません。良いリーダーは、フォロワーたちに方向性を与える絶対的なビジョン、自分が熱意を感じられるビジョンを持たなければなりません。
2. 良い大工と良いリーダーは、原材料の見極めができなければいけません。良いリーダーは、フォロワーたちの現状と将来の可能性の両方を評価できなければなりません。
3. 良い大工と良いリーダーは、仕事を始める前に費用について考えられなければいけません。良いリーダーは、成功の対価に対し現実的でなければなりません。そして、他者に仕事を依頼する前に、必要なコストの全てを自ら負うことに前向きで、進んでそれを行う必要があります。
4. 良い大工と良いリーダーは、具体的な結果を生み出すための計画を注意深く定義しなければいけません。良いリーダーは、目標達成のためにそこにいる人々の手段、材料、努力および成長に注力し、組織の使命と価値観の実践に尽力します。
5. 良い大工と良いリーダーは、仕事の成功に対する正確なものさしや基準を用います。良いリーダーには、実務的な結果を生み出すことと、健全な人間関係を築くこととのバランスを反映した基準を設定する責任があります。
6. 良い大工と良いリーダーは、様々な道具を使いこなし、ベストな結果を得るためには、いつ、どのように、そうした道具を使うのか知り尽くしていなければなりません。良いリーダーは、人々の成熟度が異なることを理解しています。
7. 良い大工と良いリーダーは、生涯学習者と生涯教育者の両方であろうとしなければいけません。良いリーダーは、教育者の魂を持ちながらも、変化する時代や状況に常に注意を払い、効果的に周囲を導き続けます。

8. <u>良い大工と良いリーダーは、自分の仕事が完了する時を知っています。</u>良いリーダーは、自分が仕事に関わる時期が完了するタイミングを知っています。そして、他者を導く中で、彼らの作業効率を維持します。

さらに深く

これまでのあなたのリーダーシップは、上記の良い大工・良いリーダーの要素をどのくらい反映していますか？

_____

_____

良いリーダーであるという要素は、あなたのリーダーシップをどのように追認するものですか？ あるいは変えるものですか？

_____

_____

この情報に基づいて、人々を導く方法をどのように変える必要がありますか？

_____

_____

キーコンセプト

- イエス様の一生において、無作為で無目的なことは皆無である。
- 大工仕事とリーダーシップの双方において、長期的な成果を促進するために集められた材料（訳者注：チームや周囲の人々という意味を含み、このような表現をしている）と個人的に長く、深く関わることが求められる。
- リーダーの熱意と責任を超えて実現する活動はない。
- 人の神聖な可能性を呼び起こし成長させることは、イエス様のように導くことの中核であり続ける。

今日の熟考ポイント

人は良い大工や良いリーダーとして生まれてくるわけではありません。成長を助けてくれる誰かが必要です。リーダーは自然に誕生するものではありません。

もし、あなたが誰かにとって、イエス様のように導こうとしている唯一のリーダーだとしたら、あなたを見たその人は、リーダーとしてのイエス様に対しどんなイメージを抱くでしょうか？

_____ 正確に、真のイエス様の姿を見る。

_____ 調子の良い日には、私の中にイエス様を見るかもしれない。

_____ イエス様の代理になれるほど、私自身がイエス様を知っているかどうか分からない。

_____ イエス様のように導こうと努力している人物を見る。

▶ 次のステップ

先に定義された良いリーダーになるためのステップを実行するにあたり、あなたが最初に取り入れるふたつのステップの概要を書いてください。その作業の完了日を忘れずに書いてください。

ステップ1：

_____
_____
_____ 完了日：_____

ステップ2：

_____
_____
_____ 完了日：_____

第4週
第3日　|　3•••

大工の仕事の進め方

🔖 今日の引用
「神はふさわしい人たちを召される訳ではない。神は喜んでやろうとする人たちを召し、彼らをそれにふさわしい者とするのだ。」⁴　　　リチャード・パーカー

📖 今日の御言葉
「……それゆえ、あなたがたは行って、あらゆる国の人々を弟子としなさい。そして、父、子、聖霊の御名によってバプテスマを授け、また、わたしがあなたがたに命じておいたすべてのことを守るように、彼らを教えなさい。見よ。わたしは、世の終わりまで、いつも、あなたがたとともにいます。」
（マタイの福音書28:19-20）

⏸ 内省の時間
イエス・キリストとの信仰的な関係には「福音を宣べ伝える」という不変的な使命があります。この責任を果たすため、日々の仕事の中であなたは何をしていますか？

_____

_____

_____

🙏 今日の祈り
神様、私はあなたの弟子になるように、また弟子を生み出すように召されました。どちらの使命も、気が遠くなることのように思えます。しかし、私が私でいられるよう、そしてあなたが私の方へ送ってくる人たちに手を差し伸べられるよう、あなたは私を完璧に備えてくださることを知っています。あなたが私を離れたり見捨てたりすることは決してないということを知っています。だから私をあなたのパートナーとしてください。私が祈れば、あなたはすぐに応えてくださいます。ですから、今日、賜物を用いて忠実に仕える、また他者に与える、あなたの忠実な僕にしてください。イエス様の御名によって、アーメン！

今日のテーマ
大工の仕事の進め方

　イエス様が弟子たちを一般的な職業から**人間をとる漁師**になるように最初に召された時、それぞれの弟子は、人生経験やスキルを持ち寄って、この新しい仕事に取り組みました。しかし、その役割を満たすための実務的な知識は彼らには皆無でした。イエス様のリーダーシップの下で3年を過ごす中、弟子たちは未熟な新人からイエス・キリストの死、復活、愛の福音を世界中に広げるという大宣教命令を遂行するために、完璧に備えられ、神様の霊を受け、堅い信仰を持つリーダーに変えられていったのです。

　この新しい任務に召されたのは、様々な産業、専門職、地位にある人たちでした。イエス様が召された人の中には、取税人のマタイ、漁師のペテロ、政治活動家のシモンがおり、後にはパウロ（その当時、最高水準の教育を持ったユダヤ教指導者であり弁護士、また天幕職人）が加えられました。ここで重要なのは、彼らがどういう人物であったか、そして神様の恵みが持つ「変える力」を通してどのように変わっていったかという点であり、職業はそれほど重視されませんでした。

　エルサレムへの途上で、ある事件が起きました。彼らがイエス様と過ごした3年間とは、単に一緒に旅をした時間以上のもので、その年月はトレーニングの時間だったのです。イエス様はご自身の任務と弟子たちの能力（もしくは能力不足）の両方を、十分理解していました。自分がいなくなった後に、この凡人たちは本当に任務を続けられるのか……。一度ならずイエス様は疑問に思ったかも知れません。

- 物事を大きな枠組みで捉え、そこでのあなたの役割について考えてみてください。より大きな使命や仕事の中で、あなたは重要なポジションを務めていますか？

　＿＿＿＿ より大きな使命について考えたこともない。

　＿＿＿＿ より大きな使命の一部になりたいかどうか分からない。

　＿＿＿＿ 喜んでやりたいが、関わるのは不安である。

　＿＿＿＿ より大きな使命を確信している。それは＿＿＿＿＿＿＿＿＿＿＿＿＿＿＿＿＿

＿＿＿＿＿＿＿＿＿＿＿＿＿＿＿＿＿＿＿＿＿＿＿＿＿＿＿＿＿＿＿＿＿＿＿＿＿。

　弟子たちと共に過ごした3年間で、彼らが自分たちに与えられた使命を認識するだけでなく、その任務を受け入れることへと、イエス様は導かなければなりませんでした。それは、「私に従いなさい」から「全世界に出て行きなさい」への、長い道のりでした。

　イエス様はどのようにして召命から任務遂行への移動を実現したのでしょう？　そこでイエス様は奇跡を行いましたが、奇跡的な旅路ではありませんでした。フォロワーたちの成長と発展を通してゴールを達成させる。そこにあったのは、リーダーが個人的責任を持つという、非常に馴染みのあるステップを、完璧に実行することでした。

　人の成長に必要な実務的モデルは、イエス様が大工になる過程で得た学習者としての経験によるものだと、私たちは信じています。弟子たちの学習経験を導く中で、イエス様はこのモデルを活かすことができたのです。新しい仕事を習得していく時には

一般的に新人、練習生、修了生、指導者／教師の4つのステージがあります。このステージを通って来たであろうイエス様は、自分がリーダーになった時に、誰かに依存している状態から独り立ちするまでの旅路について、明確で実体験に基づく理解があったに違いありません。

　新しい仕事やスキルを学ぶ時、ほとんどのケースで使われるであろう一般的な4つの用語について、さらに詳しく見ていきましょう。

　新人 ── 学び始めたばかりの人

　練習生 ── トレーニング中の人

　修了生 ── 自分1人で仕事ができる人

　指導者／教師 ── 他者に学びを施せる人

　新人から指導者／教師になるまでには、時間がかかります。それは、先を急ぐ旅ではありません。どんな役割やスキルにおいても、それを学ぶ人には新人から指導者／教師になる過程で、自分を監督し励ましてくれる人が必要です。新人である人は、オリエンテーションを通じて学びに入り、練習生として訓練段階に進み、自分の判断で仕事を進めるに十分な力をつけ、個人として貢献できるようになります。修了生は、指導者／教師として認められ、仕事を任されるために必要な経験と高度な知識を深めていきます。リーダーの役割は、このプロセス全体を通し変わることはありません。それは学習者が次の段階に進むために必要なものを提供することです。

さらに深く

あなたの人生で、指導者／教師による指導が必要な分野はどこですか？

_____

_____

神様があなたの人生に置いた指導者／教師は誰ですか？

_____

_____

神様があなたの監督下に置いた人で、あなたが指導できるのは誰ですか？

_____

_____

後進にリーダーシップを譲り渡す中で不都合がある場合、どのようなことであれば、対応する意思がありますか？

___

___

前職から指示を受ける中で不都合がある場合、どのようなことであれば、対応する意思がありますか？

___

___

⭐ キーコンセプト

- どんな役割やスキルにおいても、新人から指導者／教師になるまでには、その過程で監督し励ましてくれる人が必要である。
- 新人から指導者／教師になるまでには、時間がかかる。それは先を急いで到達するものではない。また、必要なプロセスに対し、リーダーとフォロワーの双方が力を合わせてコミットすることが求められる。
- イエス様が「人をとる漁師にしてあげるから、ついて来なさい」と新米弟子を勧誘した時、そこにどのような犠牲が伴う作業であるかを完全に理解した上で、彼らを変える作業にコミットされた。
- フォロワーたちが学習過程を進む中、リーダーは彼らに対して協力的でなければならない。また、情報と霊的啓示を正しいバランスで提供するために、自分のリーダーシップ・スタイルを変えることに前向きでなければならない。

💡 今日の熟考ポイント

これまでのあなたの信仰と神様との関係について考えてみてください。あなたも召命された段階から、使命の遂行のために生きることへと移動しています。その旅路におけるあなたの現在地を、下記の線上にXを入れて示してください。

召命 ┼┼┼┼┼┼┼┼┼┼┼┼→ 使命の遂行

霊的成長という観点から、あなたの現在地を説明してください。何がその成長に貢献しましたか？　何がその成長を阻みましたか？

_____

_____

あなたの旅路の中で、イエス様をメンターとするために積極的にしていることは何ですか？

_____

_____

▶ 次のステップ
このプロセスに対するコミットメント

　イエス様のように導くための旅を進める中で、来週、私のメンターになってくれる人を積極的に探し出します。来週、誰かをメンターする機会があるよう、積極的に祈ります。

日付：_____　サイン：_____

第4週
第4日 | 4 ••••

新人に必要なこと

今日の引用

「神は誰に対しても『あなたは自分の人生を受け入れるか』などということは聞かない。それは選択ではない。あなたはただ人生を受け入れなければならない。あなたが唯一選べるのは、どのように？ ということだけだ。」5　　ヘンリー・ワード・ビーチャー

今日の御言葉

「もしも主に仕えることがあなたがたの気に入らないなら、川の向こうにいたあなたがたの先祖たちが仕えた神々でも、今あなたがたが住んでいる地のエモリ人の神々でも、あなたがたが仕えようと思うものを、どれでも、きょう選ぶがよい。私と私の家とは、主に仕える。」（ヨシュア記24:15）

内省の時間

日々あなたが選択することを言葉にしながら、今日の御言葉を書き直してみてください。あなたはどのように、神様に集中することから逸れてしまっていますか？

_____
_____
_____

今日の祈り

選択、選択、選択！　神様、毎日は選択で満ちあふれています。正しい選択をし、あなたにほほえまれることもあります。間違った選択をし、あなたを失望させてしまうこともありますが、そこにはあなたの愛があります。あなたが私を導いてくださるように、私も私が導く人たちに対し、穏やかで優しくなれるよう助けてください。私に正しい言葉と正しい方向性を与えてください。そうすることで私がケアしている新人たちが、私を通してあなたの愛を感じることができますように。イエス様の御名において、アーメン！

今日のテーマ
新人に必要なこと
　新人とは、特定の仕事や割り当てられたゴール達成に取り掛かり始めたばかりの人たちのことです。新人には、何を、どのように、どこでするのか、それがなぜ大切なのか等の基本的な情報が必要です。この機会に興奮している熱心な新人から、無理やり学ばされているやる気のない新メンバーまで、彼らの状況は千差万別です。また、新人は違った個性や学習スタイルを持ってやって来ます。すべての新人に共通するひとつのポイントは、彼らを快く迎え入れ、仕事を開始するのに必要な情報を与えてくれるリーダーが不可欠であるということです。仕事とは、それを正しく教えるための時間とエネルギーを費やすに値する重要なものです。新人は、内情に詳しい人物がこのように考えてくれていると感じる必要があるのです。新人の興味を奪う最も簡単な方法は、熱意がなく、自分が教える生徒の成功に興味のない人にオリエンテーションを任せることです。

　新人について、次のふたつの例を考慮してみてください。車の運転を学ぶ15歳の女の子はやる気のある生徒です。仮免許が取れた日の彼女はとても意欲的ですが、実際に車を運転することについての知識は十分ではありません。初めて車を運転する時には、エンジンをかける前にすべきことを、正しい順序で教えてくれる誰かが必要です。彼女にはすでに、「自分も友達も、どこにでも好きなところに行けるようになるって、どんな感じだろう？」という前向きなイメージがあるので、モチベーションを与える必要はほぼありません。

　気が進まない新人メンバーの例は、脳梗塞を経験した後に三点杖の使い方を学ぼうとしている58歳の男性でしょう。リハビリ看護師に会った日、彼はこれまでの人生でやり続けてきたことなのに、不格好な歩き方を新たに学ばなくてはいけないという怒りと恥ずかしさに満ちています。

　どちらの新人も新しい、あるいはしっくりとこない指示に従わなくてはいけません。十代の女の子は、数回のレッスンの後に直ぐに友達をビーチに連れて行くことを考え、興奮し、自信過剰になり、学習プロセスの中で焦りがちになる可能性があります。脳梗塞患者の男性は、なぜこんなことに……、という疑問が沸き、人生の新しい現実と折り合いをつけることに消極的かもしれません。

 さらに深く
　　上記「今日のテーマ」の中で「新人が必要とすること」に丸をつけてください。
　　あなたが最後に遭遇した「新しい」場所を思い出してください。あなたの基本的必要はどんなことでしたか？

_____
_____

イエス様と新人ペテロ

弟子たちがイエス様と出会った時、もちろん彼らは新人でした。

「イエスがガリラヤ湖のほとりを歩いておられたとき、ふたりの兄弟、ペテロと呼ばれるシモンとその兄弟アンデレをご覧になった。彼らは湖で網を打っていた。漁師だったからである。イエスは彼らに言われた。『わたしについて来なさい。あなたがたを、人間をとる漁師にしてあげよう。』彼らはすぐに網を捨てて従った。」
（マタイの福音書4:18-20）

イエス様は、この勤勉な漁師の中に、ご自分の地上でのリーダーシップの時期が終わった後を任せられる、将来の宣教リーダーとしての原石を見出しました。「人間をとる漁師」というさらに崇高な目的に召され、熱い思いに駆られた彼らは、その時にしていたことから（文字通り「網」から）手を放しました。彼らは意欲的でしたが、新しい仕事が達成できる方法やアイディアについての考えは全くありませんでした。忘れないでください。彼らの仕事は、魚をとる漁師ではなく、人間をとる漁師になることです。この新しい仕事をどのように達成すれば良いのか、ペテロには全く分かりませんでした。新人の段階にあったペテロと他の弟子たちは、新しい任務についてイエス様に教えてもらう必要がありました。彼らの学びにおける必要性を満たすため、イエス様は、何をどのように実行するのかを伝えることに集中する必要がありました。これこそが、宣教に向かう弟子たちを送り出したイエス様が最初にしたことです。マタイの福音書10章13節と16節を読んでください。

あなたの教会や組織には、新しく立てられたリーダーを、新人の段階から成長させるプロセスがありますか？　その過程をどのように説明しますか？

_____

_____

信仰的な新人をより深いレベルの霊的理解へと導く時、あなたにはどんな計画がありますか？

_____

_____

神様があなたに与えた新人で、あなたがケアしたり影響を与えたりする人について考えてください。下記の文章の中で、神様から任された新人に対するあなたのリーダーシップ・スタイルを説明するのに最も適切なものはどれですか？

_____ 仕事を始めるのに必要な基本的情報を彼らに与え、自分と彼らが共に働くビジョンや目的にその仕事がどう組み込まれているのかを理解させ、その実現に全力を尽くす。

_____ 恐怖心やマイクロ・マネジメントにより、力ずくで鍛える。

＿＿＿　自分にはもっと重要なことがあるので、オリエンテーションは他の人に任せる。

　　　＿＿＿　エキサイティングな将来像を提供する。彼らは素晴らしい人物であることを伝え、細かいことに関しては彼らが自分で見つけ出せるようにする。

キーコンセプト

- 新人には基本的情報が必要である。また、彼らを快く迎え入れ、仕事を開始するのに必要な情報を与えるリーダーが不可欠である。仕事とは、それを正しく教えるための時間とエネルギーを費やすに値する重要なもの。新人は、内情に詳しい人物がこのように考えてくれていると感じる必要がある。

- 新人として新しい仕事やゴールを始める時には、強制的に学習過程に従わされているので、その機会に発奮する、あるいは躊躇するという両方の可能性がある。

- 学ぼうとしていることが当初の考えよりも難しいと気づいた新人は、失望を感じる。仕事に対する新人の期待が高ければ高いほど、このような人物を助けながら導くことは、より難しくなる。

今日の熟考ポイント

　このオリエンテーション的な段階を認識しない、また、それに対して効果的に対応する責任を負わない教会や企業のリーダーが散見されます。人々を失敗に追い込むのはこのようなリーダーである。私たちは、そう考えています。

▶ **次のステップ**

新人に必要なことを挙げてください。

_____
_____
_____
_____

新人時代、あなたが必要な情報を得られなかった時のことを思い出してください。どんな気持ちがしましたか？ それはどんな経験でしたか？ その事態を改善するため、あなたの指導者は何ができたでしょうか？

_____
_____
_____
_____

あなたが指導した新人について考えてください。彼または彼女は、必要な事柄をどのようにあなたから受け取りましたか？

_____
_____
_____
_____

第4週
第5日 | 5 •••••

練習生に必要なこと

今日の引用
「従うことを学んでこなかった人が導くことはできない。」⁶

　　　　　　　　　　ヘンリエッタ・C・ミアーズ

今日の御言葉
「私の子テモテよ。以前あなたについてなされた預言に従って、私はあなたにこの命令をゆだねます。それは、あなたがあの預言によって、信仰と正しい良心を保ち、勇敢に戦い抜くためです。ある人たちは、正しい良心を捨てて、信仰の破船に会いました。」（テモテへの手紙第一1:18-19）

内省の時間
どのような部分で、信仰生活は戦いでしょうか？　霊的な戦いの中で、あなたを支えるサポート・システムについて説明してください。

_____
_____
_____
_____
_____

今日の祈り
神様、テモテはパウロに忠実なフォロワーで、彼の指示を熱心に聞こうとしました。同じように、私の人生に対するあなたからの指示を私がさらにいっそう熱心に聞けるようにしてください。私も、あなたに従う者です。ですから、今日、周囲を導く時に、フォロワーであった時のこと、また今、フォロワーである自分を思い出させてください。イエス様の御名によって、アーメン！

今日のテーマ
練習生に必要なこと

　練習生の段階にいる人は、独り立ちするために必要な情報やスキルのすべてを、まだ習得していません。彼らには、目標を設定し、学習の機会を与え、彼らの業務を観察し、成長した時には褒め、必要に応じて方向修正をするという形での評価を下す、パフォーマンス・コーチが必要です。また、練習生が初期段階での成功を受けて自信過剰になったり、失敗して落胆したりしないよう、正しい観点から彼らの成長を見極める人物が欠かせません。

　先に話した運転を学んでいる少女が、練習生の段階に進んだとしましょう。シートベルトを着用した後、彼女は車を発進させました。道路に出ようとしたところ、どこからともなく出てきた車に驚いて、彼女は泣き始めてしまいます。指導者は、彼女がシートベルトを着用し、正しく車のエンジンをかけたことを褒めるべきですが、同時にそれぞれのミラーをどのように調整し、交通の流れを観察するための左右確認について復唱させなければなりません。

　三点杖の使い方を学ぼうとしている脳梗塞の患者が練習生の段階に進んだ場合はどうでしょう。リハビリは問題なく始まりましたが、病気の前は数秒でカバーできた距離を移動するのに何分もかかるため、彼はイライラして怒りだしてしまいます。そのような状況でも、リハビリ看護師はできるようになった事柄について褒め、彼の進捗度を正しく理解し、敢えて部屋の反対側まで歩くようにと促します。

　リーダーが、思いやりの心を体現しながら、明確な方向性と情報を提供することが肝要です。忍耐は愛の行動における重要な一面であり、練習生を導く全過程において不可欠な要素です。最終的なゴールを念頭に置き、概ねミスなく終えることのできた行動を指摘し、称賛し、その仕事を完了するようにしてください。

 さらに深く

　上記「今日のテーマ」の中で「練習生に必要なこと」に丸をつけてください。

　あなたが練習生だった時のことを思い出してください。指導者／教師から何が必要でしたか？　それを得ましたか？　もし、何も得られなかったのであれば、結果はどうでしたか？

_____

_____

イエス様と練習生ペテロ
　練習生としてのトレーニング中、ペテロはその内容をとても正確に理解する時もありましたが、まったく見当違いな時もありました。

マタイの福音書16:13-17には、こうあります。

「さて、ピリポ・カイザリヤの地方に行かれたとき、イエスは弟子たちに尋ねて言われた。『人々は人の子をだれだと言っていますか。』

彼らは言った。『バプテスマのヨハネだと言う人もあり、エリヤだと言う人もあります。またほかの人たちはエレミヤだとか、また預言者のひとりだとも言っています。』

イエスは彼らに言われた。『あなたがたは、わたしをだれだと言いますか。』

シモン・ペテロが答えて言った。『あなたは、生ける神の御子キリストです。』

するとイエスは、彼に答えて言われた、『バルヨナ・シモン。あなたは幸いです。このことをあなたに明らかに示したのは人間ではなく、天にいますわたしの父です。』」

そして、4節後には、こうあります。

「その時から、イエス・キリストは、ご自分がエルサレムに行って、長老、祭司長、律法学者たちから多くの苦しみを受け、殺され、そして三日目によみがえらなければならないことを弟子たちに示し始められた。

するとペテロは、イエスを引き寄せて、いさめ始めた。『主よ。神の御恵みがありますように。そんなことが、あなたに起こるはずはありません。』

しかし、イエスは振り向いて、ペテロに言われた。『下がれ。サタン。あなたはわたしの邪魔をするものだ。あなたは神のことを思わないで、人のことを思っている。』」（21-23節）

興味深いことは、どちらの場面でも、イエス様がペテロに教えを説いているということです。最初の場面では、教えが何かを正しく理解したこと（ペテロがイエス様をメシアと見なしたこと）を絶賛し、それがどのように達成されたか（父なる神様が、ペテロに真実を明らかにしたこと）を現実的に評価しています。次の場面では、そのような誤った考えや行動が繰り返されたなら学習者として失格になるような重大な問題を、「下がれ。サタン」という大胆な言葉で指摘しています。このようなドラマチックな矯正と教えがあったペテロのトレーニングですが、このお話からわずか6日後に、彼の学習はさらに劇的な展開を迎えます（マタイの福音書17:1-9参照）。

ペテロが変えられていく中で、神様についての知識と信仰を増すための試練が与えられました。また、効果的で聖なるリーダーに仕上げるために、神様はペテロに様々な経験をさせました。その過程において、ドラマチックな瞬間は多くありますが、ペテロの変換のプロセスを通して一貫していることは、リーダーであるイエス様が、練習生段階にあるペテロに対し、愛あるコミットメントを持っていたことです。

📅 できると思った仕事に失敗した時、あなたはどのように感じますか？（当てはまるもののすべてにチェックを入れてください）

_____ 誇らしい

_____ 混乱する

_____ 恥ずかしい

_____ 不安を感じる

_____ 怒る

_____ 無関心

_____ ムキになる

_____ 落ち込む

_____ 嬉しい

 キーコンセプト

- 練習生は、独り立ちするために必要な情報やスキルのすべてを、まだ習得していないトレーニング中の人物である。正しいことを正しいやり方で行っていること、また、彼らが十分に「習得」していない時には、矯正されることは必要不可欠である。また、練習生が初期段階での成功を受けて自信過剰になったり、失敗して落胆したりしないよう、正しい観点から彼らの成長を見極める人物の存在は欠かせない。

- 練習生がおおよそ適切な行動が取れるように彼らを教育し、成長させるという目的をもってその仕事ぶりを観察し、また、練習生のニーズに応えるという点で、彼らに真実を語ることは重要である。リーダーが、思いやりの心を体現しながら、明確な方向性と情報を提供することが肝要である。リーダーとしてのイエス様の例に倣うのであれば、人を侮辱することは決してあってはならない。また、失敗した時には、彼らが劣等感を感じないようにする必要がある。前進し続けるため、成長した時には褒め、必要があれば軌道修正を行う。

💡 **今日の熟考ポイント**

失敗をして、自分の背中を押してくれる人が必要だった時のこと、あるいは、新しい仕事に取り組んだ初期段階で、深い理解を得られて実績を残せた等のシンプルな成功体験について考えてください。また、あなたを次のレベルに連れて行こうとした人がいなかったために、諦めてしまった時のことを考えてください。イエス様のように導くことには忍耐が必要です。定期的に霊性を強められる必要がある中で、あなたはどのようにそれを実践していますか？

_____

_____

_____

第4週-第5日

リーダーが、思いやりの心を体現しながら、明確な方向性と情報を提供することが肝要です。リーダーとしてのイエス様の例に従うのであれば、人を侮辱することは決してあってはなりません。また、失敗した時には、彼らが劣等感を感じないようにする必要があります。イエス様がされたように、あなたと一緒に仕事をする人たちを愛し、イエス様のように彼らを導きたいという願いが、常にあなたの言動を司るものにしましょう。

▶ 次のステップ

　あなたの知っている人物で、練習生段階にあったのに、必要な情報やトレーニングのすべてを受けられなかった例を挙げてください。その結果はどうなりましたか？その人の人生で何かひとつ、変化を生み出されることがあったとしたら、それは何ですか？

_____
_____
_____

第5週

有能なリーダーの手　パート2

今週の暗唱聖句

「キリストを恐れ尊んで、
互いに従いなさい。」
（エペソ人への手紙5:21）

どんな問題であっても、すべての問題に対する答えはイエス様です。なぜなら、私たちは、人生における自分の思いを御心にお委ねするという意図的な決心をしたからです。

これはコミットメントという点だけではなく、従順という点においても言えることです。『霊的リーダーシップ(原題：Spiritual Leadership)』という本の中で、著者のヘンリー・ブラッカビーは「スピリチュアル・リーダーの中には、もっとコミットしようとする人々がいるが、彼らに必要なのはもっと従順になることだ」と述べています。

これからあなたが下す決断の中で、その最初に行う、そして最も大切な決断は、あなたの人生を神様にお委ねすることです。

あなたの人生のすべてを、すでに神様に委ねましたか？　イエス様に罪を赦してもらうように願いましたか？　まだであれば、それは今すぐできることです！

もし、イエス様のように導くのであれば、あなたが最初に決断すべきは、このことです。

その決断をしたら、次のステップはあなたの人生を神様に明け渡し、リーダーの責任を含めたあなたの人生の全側面を、神様にコントロールしていただくことです。「あなたがたがこれらのことを知っているのなら、それを行うときに、あなたがたは祝福されるのです」（ヨハネの福音書13:17）というイエス様の言葉を、私たちは文字通り受け取ることができます。これは、イエス様のリーダーシップの例に従うと決めた人たちに対しイエス様が与えた約束です。御心に服従することは、神様と共にある永遠の命という祝福があること、そして光栄にも導く特権を与えられた人々の祝福に、私たち自身がなるということです。そのようにして、私たちは建設的なリーダーシップという遺産を遺すのです。

第5週
第1日 | 1・

修了生に必要なこと

今日の引用

「周囲の助けを借りれば、1人でやるより良い仕事ができると気づいた時、人の成長は大きな一歩を踏み出す。」[1]　　　　　　　　　　　アンドリュー・カーネギー

今日の御言葉

「アポロとは何でしょう。パウロとは何でしょう。あなたがたが信仰に入るために用いられたしもべであって、主がおのおのに授けられたとおりのことをしたのです。私が植えて、アポロが水を注ぎました。しかし、成長させたのは神です。」（コリント人への手紙第一3:5-6）

チームワークの価値を理解していた人がいたとすれば、それはパウロです。自分の聖職の中で他の人たちの役割を忘れることなく、パウロは新人から指導者／教師へと成長しました。このパウロの例から学ぶことで、私たちも良い仕事ができるようになるでしょう。

内省の時間

あなたのリーダーシップ・チームのメンバーには、あなた以外にどんな人がいますか？　彼らに対し、どのように自分自身を投資していますか？

_____

_____

_____

今日の祈り

神様。あなたは、私が1人で仕事をすることを望まれていません。そのことに感謝します。また、私と一緒に仕事をする人たちを用意してくださっていることを感謝します。私と一緒に働き、導き、指示してくださる聖霊様にも感謝します。私が愛し、導く人たちに、私が聖霊様と同じことを提供できますように。イエス様の御名によって、アーメン！

今日のテーマ
修了生に必要なこと
　修了生――仕事または役割を遂行するためのスキルを習得した人――とはどんな人物でしょうか？　学んだスキルをいつどこで適用するかということの指示をリーダーから受ければ、1人で仕事ができるというところまで成長している人と考えられるでしょう。ただ現実問題として、修了生は注意力散漫になったり、自信を失ったり仕事への熱意が低下したりする可能性があります。周囲への注意が足りないリーダーに無視されたら、彼らは能力を失ったと感じたり、自分に与えられた使命に対する思いが弱まったりして、周囲が気づかないうちに無関心に陥ったり、チャレンジを避けたりする可能性があります。

　また、やる気やスキルを失った修了生は、状況に幻滅して批判的になり、周囲に悪影響を及ぼすような存在になるかも知れません。感謝、励まし、鼓舞を必要とする修了生のニーズを無視するリーダーは、組織全体を危険にさらすことになるのです。

 ## さらに深く
　上記の「今日のテーマ」にある、修了生のニーズに丸をつけてください。

　前回、あなたが修了生だった時の仕事について、思い出してください。指導者／教師から何が必要でしたか？　それを得ましたか？　もし、何も得られなかったのであれば、結果はどうでしたか？

――――――――――――――――――――――――――――――――――――

　先の例で話しましょう。免許取り立ての少女が事故を起こした時、その事故は回避できたはず（自分の間違い）と認めたなら、保護者は彼女が再び運転することを赦すでしょう。このような姿勢は、修了生のニーズに応じるリーダーの一例です。

　同様に、リハビリ中の患者が家族や友人の前で杖を使う準備中、彼が新しいスキルをどこまで習得したか、それをどれほど誇りに思っているのかなどをリハビリ看護師が話す時、それは修了生への励ましのニーズに応じていることになります。

イエス様と修了生となったペテロ
　水の上を歩いた時のペテロの言動には、修了生の行動特性がよく表れています。

　「弟子たちは、イエスが湖の上を歩いておられるのを見て、『あれは幽霊だ』と言って、おびえてしまい、恐ろしさのあまり、叫び声を上げた。しかし、イエスはすぐに彼らに話しかけ、『しっかりしなさい。わたしだ、恐れることはない』と言われた。」（マタイの福音書14:26-27）

　「すると、ペテロが答えて言った。『主よ。もし、あなたでしたら、私に、水の上を歩いてここまで来い、とお命じになってください。』イエスは『来なさい』と言われた。そこで、ペテロは舟から出て、水の上を歩いてイエスのほうに行った。ところが、風を見て、こわくなり、沈みかけたので叫び出し、『主よ、助けてください』と言った。」（マタイの福音書14:28-30）

第5週－第1日

この瞬間のペテロは、目の前にある仕事を処理できる状態にある人物（修了生）の好例です。舟の中から荒れる水の上に足を踏み出すことは、とてつもない信仰が必要でした。私たちはペテロの助けの叫びに注目してしまい、実際に彼が水の上を歩いたことを忘れがちです。事実、ペテロはイエス様以外、唯一こうしたことを成し遂げた人物なのです。しかし、ペテロの問題はイエス様から目を離し、嵐を恐れ始めた時に起こりました。

　この時、ペテロが示した能力は彼と共に水の中に沈んだのです。水の上を歩く能力を示したとはいえ、水の中に沈み始めた瞬間に、ペテロにはサポートが必要となりました。その必要を満たすため、イエス様はそこにおられたのです。「そこで、イエスはすぐに手を伸ばして、彼をつかんで言われた。『信仰の薄い人だな。なぜ疑うのか。』そして、ふたりが舟に乗り移ると、風がやんだ。」(マタイの福音書14:31-32)

　イエス様のリーダーシップについて、この物語はどんなことを語っていますか？

　＿＿＿＿ペテロが沈むことを知っていたので、ペテロを救うためにそこにいた。

　＿＿＿＿ペテロが沈むことで恥をかかせたかった。

　＿＿＿＿水の上を歩けるのは自分だけだとみんなに知ってもらいたかった。

　＿＿＿＿ペテロを信頼していて、ペテロに華々しい何かをさせようと力を与えた。

　ペテロが沈み始めた時、イエス様はどのようなリーダーシップのスキルを使いましたか？

_____

_____

　ペテロが沈み始めた時のイエス様の反応について、リーダーとしてどんなことを学べますか？　まずは、イエス様がすぐ行動した、という点があります。ペテロが沈むのをそのままにしておいたり、自分のミスについて考えさせたりしませんでした。イエス様はペテロを助け、サポートするため、すぐに自分の存在を知らせたのです。

　次に、イエス様は手を伸ばし、ペテロの手をつかみました。危機的状況にある弟子を救うため、思いやりのある行動を取られたのです！　ペテロの1番のニーズがサポートであることをご存じであったイエス様は、自らの手を使ってペテロを救いました。そしてペテロに「信仰の薄い人だな。なぜ疑うのか」と言われることで、ペテロに対しさらに強いサポートを提供したのです。言い換えると、イエス様に従う者がイエス様を必要とする時、イエス様は必ずそこにいてくださることを、ペテロ —— そして私たち —— に思い出させてくださっているのです。

　イエス様がペテロの腕をつかんだ後も、イエス様とペテロはまだ湖上にいたこと覚えておくことは重要です。イエス様がペテロに腕を回し、安全な場所へ戻るべく歩いている姿を想像してみてください。オフィスでも、家でも、コミュニティでも、周囲の人々の持続的成長の鍵は、サポートの提供なのです。

キーコンセプト

- 修了生 —— 仕事または役割を遂行するためのスキルを習得した人 —— とはどんな人物か？ 学んだスキルをいつどこで適用するかということの指示をリーダーから受ければ、1人で仕事ができるというところまで成長している人と考えられる。ただ現実問題として、修了生は注意力散漫になったり、自信を失ったり、仕事への熱意が低下したりする可能性がある。周囲への注意が足りないリーダーに無視されたら、彼らは能力を失ったと感じたり、自分に与えられた使命に対する思いが弱まったりして、周囲が気づかない内に無関心に陥ったり、チャレンジを避けたりする可能性がある。

- 感謝、励まし、鼓舞を必要とする修了生のニーズを無視するリーダーは、組織全体を危険にさらすことになる。

今日の熟考ポイント

Chick-fil-A（アメリカのファストフードチェーン店）の創業者である、故トレット・キャシーが「どんな人が励ましを必要としていると思いますか？」と聞かれた時に「息をするすべての人！」と答えた話は有名で、この言葉はよく引用されています。

今週、あなたの影響下にいる人物で、あなたが励ませる人を1人か2人選んで、その人たちの名前をここに書いてください。_____

_____

次のステップ

これまで、（組織内の）「問題児」に注意が払われて来たせいで、自分が成果を出したのに過小評価された、あるいはその仕事が認識されなかったと感じたことはありますか？ 心からの感謝のしるしと共にあなたを励ますリーダーがいたら、それはどんな影響をもたらすと思いますか？

_____
_____
_____

人々を安定した状況に引き戻すために、神様はあなたにどのような機会を与えましたか？

_____
_____
_____

第5週
第2日 | 2

指導者／教師に必要なこと

今日の引用

「リーダーは、みんなが行きたい所へ彼らを連れて行く。有能なリーダーは必ずしも行きたくないが、行かなくてはいけない所へ彼らを連れて行く。」

　　　　　　　　　　　　　　ロザリン・カーター　カーター元大統領夫人

今日の御言葉

「多くの証人の前で私から聞いたことを、他の人にも教える力のある忠実な人たちにゆだねなさい。」（テモテへの手紙第二2:2）

内省の時間

　神様を愛することと神様の御名において人を導くことの間に関係性があることには疑いの余地はありません。どちらが欠けても、神様を敬い、そして成果と人間関係の両方において最善を尽くすことはできません。神様を愛することは、周囲を導くあなたを、どのように助けてくれますか？　もし、何かを変える必要があるとすれば、それは何ですか？

_____

_____

今日の祈り

　お父様、あなたは神様を愛し隣人を愛することを私たちに命じられました。今日そして毎日、私が愛し、導く人たちに対して、あなたの命令を反映できるよう助けてください。イエス様の御名において、アーメン！

今日のテーマ

指導者／教師に必要なこと

　指導者／教師には、十分に発達したスキルと共に自信があり、独自に素晴らしい結果を生み出す意欲があります。また、人に教えるのに必要な見識と洞察力も持ち合わせています。あなたが導く指導者／教師は、次世代の学習者たちに自分の知っていることを伝達する機会とチャレンジ、そして、あなたからの祝福を必要としています。

　運転を学んでいた少女が、あの数年後に、仮免許証を取得した弟と一緒に車に乗り交通規則を教えている、今は自分で歩いてリハビリセンターに通うあの脳卒中の患者が、自分が通ったのと同じ自由への道を歩む新しい患者を励ましている。これが、指導者／教師の例です。

　あなたの名代として誰かを送ることは、あなたがその人の能力とコミットメントを信頼しているという最高の証明です。例えば、弟子たちに大宣教命令を与えたイエス様は、彼らが指導者／教師であり、人間をとる漁師として自ら行動できる準備ができたと見なしたのです。イエス様は彼らをこのように任命しました。「それゆえ、あなたがたは行って、あらゆる国の人々を弟子としなさい。そして、父、子、聖霊の御名によってバプテスマを授け、また、わたしがあなたがたに命じておいたすべてのことを守るように、彼らを教えなさい」（マタイの福音書28:19-20）。それまでの三年間のように、物理的にイエス様がそこにいて指示を出し、弟子たちをサポートするわけではありません。しかし、イエス様は彼らに背を向けたわけではなく、このように約束されました。「わたしは、世の終わりまで、いつも、あなたがたとともにいます」（20節）。人間をとる漁師という仕事を達成できるように彼らを見放さないと、イエス様は約束したのです。いつでも彼らのためにそこにいてくださるという約束を、彼らは得たのです。

　仕事を任せることと仕事を放棄することを混同しないことが重要です。仕事を放棄するリーダーは、背中を向け、情報収集をせず、悪いニュースが流れて来て初めて、その仕事に再び介入します。しかし、仕事を任せるリーダーは、情報網から外れることなく、呼び出されたらすぐに手助けをする準備ができています。イエス様は弟子たちに仕事を任せました。でも、仕事は放棄しませんでした。将来、弟子たちがイエス様を必要とすることを知っていて、必要に応じてサポートに呼ばれた時のための準備をされていたのです。

イエス様と指導者／教師となったペテロ

　弟子訓練は完了しました。しかし、弟子たちがイエス様の御名において周囲を導く準備が整っている指導者／教師であると太鼓判を押されるには、最終テストがありました。下記の会話を聞いてください。

　「彼らが食事を済ませたとき、イエスはシモン・ペテロに言われた。『ヨハネの子シモン。あなたは、この人たち以上に、わたしを愛しますか。』

　ペテロはイエスに言った。『はい。主よ。私があなたを愛することは、あなたがご存じです。』

　イエスは彼に言われた。『わたしの小羊を飼いなさい。』

　イエスは再び彼に言われた。『ヨハネの子シモン。あなたはわたしを愛しますか。』

> ペテロはイエスに言った。『はい。主よ。私があなたを愛することは、あなたがご存じです。』
>
> イエスは彼に言われた。『わたしの羊を牧しなさい。』
>
> イエスは三度ペテロに言われた。『ヨハネの子シモン。あなたはわたしを愛しますか。』
>
> ペテロは、イエスが三度『あなたはわたしを愛しますか』と言われたので、心を痛めてイエスに言った。『主よ。あなたはいっさいのことをご存じです。あなたは、私があなたを愛することを知っておいでになります。』
>
> イエスは彼に言われた。『わたしの羊を飼いなさい。まことに、まことに、あなたに告げます。あなたは若かった時には、自分で帯を締めて、自分の歩きたい所を歩きました。しかし年をとると、あなたは自分の手を伸ばし、ほかの人があなたに帯をさせて、あなたの行きたくない所に連れて行きます。』これは、ペテロがどのような死に方をして、神の栄光を現すかを示して、言われたことであった。こうお話しになってから、ペテロに言われた。『わたしに従いなさい。』」（ヨハネの福音書21:15-19）

地上における弟子訓練の最終日、イエス様は、ご自身の御名において彼らを送り出す前に、以下のような最後の指示を出されています。

> 「イエスは近づいて来て、彼らにこう言われた。『わたしには天においても、地においても、いっさいの権威が与えられています。それゆえ、あなたがたは行って、あらゆる国の人々を弟子としなさい。そして、父、子、聖霊の御名によってバプテスマを授け、また、わたしがあなたがたに命じておいたすべてのことを守るように、彼らを教えなさい。見よ。わたしは、世の終わりまで、いつも、あなたがたとともにいます。』」
>
> （マタイの福音書28:18-20）

🔍 さらに深く

あなたが導く人たちに望むことを1番良く表しているのは下記の文章のどれですか？

＿＿＿ 彼らが自分に感謝するよう、自分に依存させ続ける。

＿＿＿ 指導者／教師になることで、彼らが目標を達成できるようにする。

上記の質問で、あなたに残された選択肢はほぼありません。人々を成功するよう力づけるのか、または自分の縄張を慎重に守るのか。いずれのタイプのリーダーにも、出会ったことがあるでしょう？

あなたのリーダーシップ・スタイルは、どんなことを生み出しますか？

＿＿＿ 与えられた仕事を達成する能力やコミットメントに欠ける、ストレスを抱えた人々。

＿＿＿ 1人で仕事ができるだけでなく、他の人を教えることもできる人々。

その作業を得意とし、他の人にも喜んで教えることができる人々があなたの周囲にいることで、どんなプラス要素があるか想像してみてください。それが、イエス様のようなリーダーシップの結果なのです。

★ キーコンセプト

- あなたが導く指導者／教師は、次世代の学習者たちに、自分の知っていることを伝達する機会とチャレンジ、そして、あなたからの祝福を必要としている。

- あなたの名代として誰かを送ることは、あなたがその人の能力とコミットメントを信頼しているという最高の証明である。またそれは、「自分が備えた人々が次世代の人々に仕えること」が、リーダーとしての成功というあなたのビジョンに含まれている表れでもある。

- 仕事を任せることと仕事を放棄することを混同しないことが重要である。仕事を放棄するリーダーは、背中を向け、情報収集をせず、悪いニュースが流れて来て初めて、その仕事に再び介入する。しかし、仕事を任せるリーダーは、情報網から外れることなく、呼び出されたらすぐに手助けをする準備ができている。

- 全くの新人、実習生、修了生、指導者／教師であるという人は1人もいない。私たちの仕事人生のどんな時でも、またはライフロールの中でも、私たちは4つの学習段階のどこかにいる。

💡 今日の熟考ポイント

あなたの責任の下、他の人のところへ行って指導する仕事を誰かに任せることは、教育係であるあなたからその人物への最高の承認形態です。その人物が任されたことを遂行することは、教育係であるあなたへの最高の敬意の表れであり、感謝の気持ちでもあります。あなたに与えられたことを次世代へ伝えるべく、あなたは何をしていますか？　与えられたチャレンジへの準備ができている人に対し、責任と権限の両方を与える気持ちを持っていますか？　それとも、そうすることを思いとどまっていますか？　そうだとしたら、なぜですか？

_____

_____

_____

▶ 次のステップ

指導者／教師が最も有効な働きをするために必要なスキルは、何ですか？

_____

_____

　上記に書いたスキルのリストから、自分の最強スキルと感じる2つを選んでください。残った中から、あなたが成長させなければいけないスキルを1つを選んで、スキル向上に必要なプロセスの第一歩に何をするか決めてください。

_____

_____

第5週

第3日 | 3 •••

EGOの要素

今日の引用

「リーダーにとって、自分と自分が導く人々との人間関係におけるEGO要素に対する最も即効性の高い治療法は、プライドそして怖れを抱く自らの傾向を認め、それと戦うことである。それ以上に、リーダーが霊的に健全であること。このことにより、導く人々からの信頼とコミットメントが増すのである。」[2]

ケン・ブランチャード、フィル・ホッジズ、フィリー・ヘネシ・ヘンドリー

今日の御言葉

「それゆえ、神に選ばれた者、聖なる、愛されている者として、あなたがたは深い同情心、慈愛、謙遜、柔和、寛容を身に着けなさい。互いに忍び合い、だれかがほかの人に不満を抱くことがあっても、互いに赦し合いなさい。主があなたがたを赦してくださったように、あなたがたもそうしなさい。そして、これらすべての上に、愛を着けなさい。愛は結びの帯として完全なものです。キリストの平和が、あなたがたの心を支配するようにしなさい。そのためにこそあなたがたも召されて一体となったのです。また、感謝の心を持つ人になりなさい。」（コロサイ人への手紙3:12-15）

内省の時間

あなたの霊を効果的に働かせるための基準を、今日の聖句に置いたとします。有効性いう点で、あなたはどんな成績を取れると思いますか？　その理由は何ですか？

_____

_____

今日の祈り

　主よ。今日、私が出会う人たちに、私を通して、あなたの恵み、慈悲、平和というあなたのご性質が広がりますように。思いやり、慈愛、謙虚さ、柔和、忍耐の恵みのギフトを身につける方法を教えてください。そうすることで、いつも、どんな理由があっても、どんな時期でも、人々が私の中にイエス様を見ることができますように。イエス様の御名によって、アーメン！

今日のテーマ

EGO*の要素
*Edging God Out: 神様を押しのける性質

　効果的なコーチは、関わる相手の現状に合わせて対応しなければなりません。オフィスでも、家庭内でも、コミュニティ内でも、自己中心的な人はいます。そして、そうした人々に向き合うリーダーは、イエス様のように彼らの心に働きかけること、そして彼らの学びを推し進めることの2つの課題に直面します。あなたのリーダーシップに異議が唱えられたり、あなたの動機や方途が信頼されなかったりする時に、あなたのEGO（Edging God Out: 神様を押しのける性質）を食い止めるのは、難しい作業になり得ます。しかし、自分の意思を押し通そうとして、プライドや恐れの気持ちから反応したり、自分の地位的権力を使ったりすると、彼らの学びが機能しなくなる可能性が生まれます。

　一方、EGOによって駆り立てられるリーダーに向き合うメンバーの中でイエス様のようであろうとする人々は、生産性と成長に必要なスキルや経験を積みながら、そのようなリーダーにポジティブな見本を見せるというチャレンジに、日々直面します。そのように努力することは可能でしょうが、かなりの苦戦を強いられることでしょう。イエス様の似姿に最も近いような人ですら、EGOに駆り立てられるリーダーには幻滅と冷笑を禁じ得なくなり、その学びも非効率的に終わる恐れがあります。

　リーダーにとって、自分と自分が導く人々との人間関係におけるEGO要素に対する最も即効性の高い治療法は、プライドそして怖れを抱く自らの傾向を認め、それと戦うことです。それ以上に、リーダーが霊的に健全であること。それにより、導く人々からの信頼とコミットメントが増すのです。より高い水準の仕事とコミットメントを得るために周囲を刺激し備えたいのであれば、最良で最初の第一歩は自身の歩みの中で、誠実さの見本を示すことです。

　恵みがあふれれば成果と人間関係が花開き、争いがあれば成果と人間関係は損なわれます。恵みを広げていく人は、周囲の生活に恵みを増し加え、誰もがその恩恵を受けるのです。

　素晴らしいリーダーシップがあるかどうか、その真のテストは、リーダーのEGOとフォロワーのEGOがぶつかり合う時に始まります。共有する目標に対する満足が得られるように前に進むのか、あるいは、自分たちの作り出したストレスを共有するのか。それを決めるのは、リーダーとフォロワーの関係の中でプライドと恐れに気づき、それを克服する作業をどれだけ上手くできるかにかかっています。

下図はリーダー（L）・フォロワー（F）の関係を理解するための効果的なツールです。人間関係がうまくいかない時、ゴールの共有に対する潜在的な障害を特定するのに役立つでしょう。

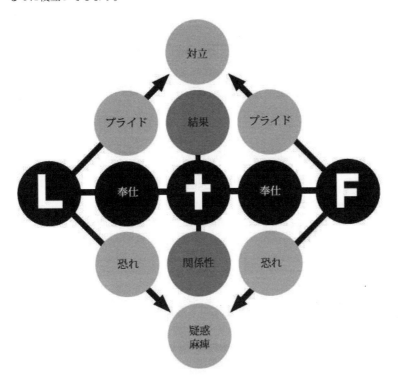

リーダーとフォロワー／4つの非効率的な関係性

リーダーとフォロワーの最も非効率な4つの関係性とは、リーダーとフォロワー双方のプライドと恐れが混じり合う中で生じる、対立、疑い、搾取、孤立です。

1. リーダー ⟶ 恐れ ⟶ 疑い／思考停止 ⟵ 恐れ ⟵ フォロワー

リーダーとフォロワーの両者が恐れを感じている場合、それぞれが、自分がそのように恐れるのは当然だというサインを探すでしょう。そして、出会った当初に抱いた好意や安心を示すことにさえ、疑いの目を向けるようになります。年齢、人種、地位、民族的背景、宗教、性別に起因する固定観念に基づくお互いについての否定的な予測は、オープンなコミュニケーションを阻む重大な障壁となる可能性があります。

例：地位を失うことを恐れるリーダーと失敗を恐れるフォロワーは、相互懐疑の関係に入る。年配の白人男性のマネージャーが、容姿ばかりを気にするマイノリティ従業員にエリート育成コースの訓練をするように任命された時。

例：子供に責任を求める親と、自分の否を認めたくない子供。

2. リーダー → プライド → 対立／競争 ← プライド ← フォロワー

リーダーとフォロワーの両者がプライドの張り合いをする場合には、気持ちのぶつかり合いになる可能性があります。協力と譲歩によって前進することなく、双方が議論の勝ち負けや主張の強さの比べ合いをして、自分の地位を上げようとします。

例：勝利に導く制球戦略を持つ優勝経験のあるコーチの元に、素晴らしい個人スキルで知られる若いスーパースター選手が現れた時。

例：子供が何をすべきかについては自分の方が分かっていると思う親と、自分は何でも知っているという時期にある十代の娘。

3. リーダー → プライド → 搾取 ← 恐れ ← フォロワー

自分の意思を押しつける（自尊心の延長としての行為）リーダーの下で、フォロワーが不安になった場合、その結果は誰の得にもならないものになるでしょう。

例：結果重視の牧師が、新教会堂の建設に賛成するよう、会衆を威圧する。

例：親だからというだけで子供が言うことを聞くと思っている親と、マザコンと友達に言われるのを恐れている十代の息子。

4. リーダー → 恐れ → コントロール／懐柔 ← プライド ← フォロワー

自信のない指導者が賢明ではない譲歩に屈する、あるいは自分の地位を使って気の強いフォロワーの協力を得ようとする。こうしたことがもたらす結果は、有害なものです。

例：コントロールを失うことを恐れてマイクロマネージメントをするチームリーダーと、誤りと分かっていながらもその指示に従うという「ねじれた従順」で対応するプライドの高い修了生が出会う時。

例：学校で子供への悪影響があるかもしれないと恐れる親と、自分の自立心を示すことに全力を注ぐ少年。

リーダーとフォロワー／4つの改善点

　リーダーとフォロワーのEGOには4つの組合せがあり、それぞれに特有の課題があります。しかし、その関係の中で誰かが変化を引き起こす推進力となり、喜んで仕えるのであれば、そうした課題が改善される可能性があります。その人がリーダーの場合は伝道のチャンスですし、フォロワーの場合は証しのチャンスになります。

1. リーダー → 奉仕 → 伝道 ← 恐れ ← フォロワー

　不安をあらわにするフォロワーに直面した時、周囲に仕える心を持っている奉仕型のリーダーは、忍耐力をもってその人物の進歩と誠実な努力を称賛し、その不安を解消します。

例：杖を使って歩くことを学んでいる脳卒中患者がストレスと恐れを爆発させても、理学療法士は忍耐と励ましをもってその患者に対応する。

例：子供のかんしゃくが終わるまで辛抱強く待つ親。

2. リーダー → 奉仕 → 伝道 ← プライド ← フォロワー

　奉仕型のリーダーは、謙虚さと目的に対する強い意志を見せることで周囲の模範となります。また、基準を徹底し、自身のリーダーシップが挑戦を受けても、それに耐えることができます。

例：自分たちの中で誰が1番すごいのかという議論をしていた弟子たちのプライドに対し、イエス様は（彼らの足を洗うことで）謙虚さをもって対応した。

例：門限に関する話し合いで、息子と勝ち負けを争うような対立を避ける親。

3. リーダー → プライド → 証 ← 奉仕 ← フォロワー

　定めた方針や、主義から外れないため、あるいはミスの修正のために、リーダーがフォロワーに対して否定的な対応をとっても、フォロワーにそのリスクを受け入れる意志があるというケース。

例：預言者ナタンが、バテシバとの姦淫について、ダビデ王を責めた時。

例：父親の酒気帯び運転について、父親に対峙する子供。

4. リーダー → 恐れ → 証 ← 奉仕 ← フォロワー

　フォロワーが謙虚さとリスペクトを持って、リーダーの不安に対応する。

例：ダビデのことを恐れたサウル王に追われている間、王を殺す機会があったにもかかわらず、ダビデは忠誠と尊敬の表現として王に手をかけなかった。

例：離れた学校に進学する自分を心配する親を、辛抱強く思いやる子供。

リーダー／フォロワー間の理想的関係

奉仕型リーダー ➡　　　*成果と人間関係*　　　⬅ *奉仕型フォロワー*

　理想的かつ最も生産性のあるリーダー／フォロワーの関係性とは、奉仕型のリーダーと奉仕型のフォロワーが、お互いに奉仕と信頼を持つという空気感の中で関わり合うことです。リーダーから明確な目的意識、プロセス、実践的な指示が伝えられ、それをフォロワーが受け入れて認める時に、そのような空気が生まれます。一方フォロワーは、リーダーへの信頼、誠実な仕事ぶり、リーダーの指示を受け入れることで、リーダーに応えます。

例：あなたがわたしに行わせるためにお与えになったわざを、わたしは成し遂げて、地上であなたの栄光を現しました。（ヨハネの福音書17:4）

例：尊敬し合い、仕え合うという関係の中で、結婚の誓約を守りながら生き抜いている夫婦。

リーダー／フォロワー関係にあるEGOの要素を乗り越える

　リーダーとして、リーダー／フォロワー関係の中にあるEGO要素を最も早く解決する治療法は、プライドや恐れに対するあなた自身の弱さを認めること、そしてそれらと戦う意志を持つことです。リーダーの霊的な健全性は、フォロワーからの信頼とコミットメントの源泉です。周囲を刺激して彼らを備え、より高い水準のパフォーマンスとコミットメントを達成したいのであれば、そのための最良かつ踏むべき第一歩は、フォロワーと一緒に歩む自身の歩みの中で、自分がそのような人物であることを見せることです。

　自分の価値観と平安を神様からの無条件の愛と約束に置いているフォロワーは、EGOに駆り立てられるリーダーから粗末な扱いを受けても、大局的観点を持ってプラスマイナスの状況判断ができます。正に「禍を転じて福と成す」ができるのです。

- 右にある正しいリーダー／フォロワーの関係と、そこから予測される結果（左側の番号が振られた言葉）をつないでください（ひとつの結果に対し、関係性の要素がふたつ当てはまることもあります）。

リーダー／フォロワーの関係において予測される結果

	＿＿プライド／奉仕
1. コントロール	＿＿プライド／プライド
2. 肯定的な証	＿＿プライド／恐れ
3. 肯定的な成果と人間関係	＿＿恐れ／恐れ
4. 対立	＿＿恐れ／奉仕
5. 麻痺・孤立	＿＿奉仕／奉仕
6. 伝道	＿＿恐れ／プライド
7. 搾取	＿＿奉仕／恐れ
	＿＿奉仕／プライド

キーコンセプト

- リーダー／フォロワー関係にあるEGO要素を最も早く解決する治療法は、プライドや恐れに対するあなた自身の弱さを認めること、そしてそれらと戦う意志を持つことである。
- 私たちはみんな、完璧には程遠い存在である。私たちが抱えるEGO問題は、私たちを目的遂行への道から逸れさせたり、リーダーとフォロワー（学ぶ者）の関係に影響を与えたりする可能性がある。この問題に、私たちは日々立ち向かわなければならない。
- リーダーとフォロワーの両者が自分たちの弱さを共有し、道を逸れることなく歩み続けるためにお互いをサポートする気持ちがあるならば、それは最高の結果を生み出せる。真のウィン・ウィン・ウィンとは、リーダーが勝ち、フォロワーが勝ち、そして神様が勝つこと！

今日の熟考ポイント

　ライフロールの中で、傷ついたり、悪い結果を経験したりした時のことを考えてみてください。そこでリーダーとフォロワーが持っていた動機を、どのように診断しますか？　プライド、恐れ、奉仕の要素を組み合わせながら考えてください。

否定的なリーダー／フォロワーの関係を経験した時、私は _____
_____
_____
_____ 。

その時、リーダーを突き動かした動機は _____ 。
その時、フォロワーを突き動かした動機は
_____ 。リーダーとフォロワーのお互いに対する態度がぶつかった結果は、_____
_____ 。

この関係における生産性への影響は _____ 。
　私自身のプライドと恐れを改善することで、この出来事の結果をどのように変えることができたと思いますか？

_____
_____
_____

第5週−第3日　139

▶ 次のステップ
　これまでで、あなたにとって最も大切で個人的な関係について考えてください。どうすれば、神様が勝ち、あなたが勝ち、そしてもう1人も勝つというウィン・ウィン・ウィンの状況にできますか？　本章のEGO要素の図を見ながら熟考してください。すでにそのような理想的な関係であれば、この時間を使ってお祝いしてください！

第5週
第4日 | 4 ••••

4つの学習段階にあるEGO要素

今日の引用
「リーダーとフォロワーは、自分たちの関係性の中にEGOという潜在的な壁があることに気づき、その問題に対処する意思を持つことで、個人であるいは共に、この壁を乗り越えることができる。それは、問題に対応する各個人の覚悟、オープンなコミュニケーション、そして共有しているコミットメント（自分たちの人間関係に対する、またお互いに奉仕することに対するコミットメント）によって実現する。」³

　　　ケン・ブランチャード、フィル・ホッジズ、フィリス・ヘネシー・ハルバーソン

今日の御言葉
「しかし、助け主、すなわち、父がわたしの名によってお遣わしになる聖霊は、あなたがたにすべてのことを教え、また、わたしがあなたがたに話したすべてのことを思い起こさせてくださいます。」（ヨハネの福音書14:26）

内省の時間
リーダーシップの問題に直面した時、教育やトレーニング、直感、ビジネス手腕に頼ることは容易です。では、意図的に聖霊に焦点をあてた場合、最終的な結果はどうなるでしょうか？

_____

_____

今日の祈り
父なる神様、今日、あなたが私の前に置かれた仕事をすることで、あなたを礼拝できますように。私の仕事の中であなたをたたえ、また、私や私の進む道にあなたが置かれたすべての人に対するあなたの愛をたたえることができますように。プライドや恐れから行動する誘惑にすぐに気づけるよう、助けてください。イエス様のようなリーダー、またイエス様のフォロワーになれるよう、あなたの愛と真実で導いてください。イエス様の御名によって、アーメン！

今日のテーマ

4つの学習段階にあるEGO要素

これまで強調してきたように、私たちは完璧には程遠い存在であり、目的から逸れ、リーダーとフォロワー（学習4）の関係に影響を及ぼす可能性のある私たち自身のEGO問題に日々立ち向かう必要があります。では、リーダーとフォロワーが四つの学習段階で直面するEGO問題についてどのように予測できるかを見ていきましょう。

新人段階でのEGO問題

学習者／新人のEGO問題
失敗への恐れ
力不足という恐れ
周囲の目に対する恐れ
以前の成功による間違ったプライド
リーダーあるいはトレーニング方法に対する信頼の欠如

教師／リーダーのEGO問題
基礎訓練に対する焦慮
遅い成長スピードへのいら立ち
準備不足でも仕事を任せたいという誘惑
失敗への恐れ

練習生段階でのEGO問題

学習者／練習生のEGO問題
成長が見られないことへの失望
学習プロセスへの焦慮
学習プロセスへの信頼を失うこと
失敗への恐れ
力不足という恐れ
リーダーへの信頼を失うこと
仕事に対する熱意の減少

教師／リーダーのEGO問題
失敗への恐れ
熱意の欠落に対するいら立ち
非現実的な期待
他者の意見に対する恐れ
批判されることへの恐れ
地位を失うことへの恐れ

修了生段階でのEGO問題

学習者／修了生のEGO問題
新しい環境で失敗することへの恐れ
スキル向上に伴い、成功できるかという恐れ
燃え尽き症候群
最新の情報やスキルがないという恐れ
他者との競争に対する恐れ
搾取されることへの恐れ

教師／リーダーのEGO問題
熱意を失った人に対する思いやりの欠如
権限の酷使
個人的問題の解決に必要な近しい人間関係への恐れ
修了生に追い抜かれることへの恐れ
修了生にミスを指摘することへの恐れ

指導者／教師段階でのEGO問題

学習者／指導者のEGO問題
自己満足
批判や指示を受け入れる気持ちの欠落
傲慢
利己的な目的でのスキルの誤用

教師／リーダーのEGO問題
周囲が自分と同じ仕事ができることで、周囲から遅れていると感じる恐れ
情報共有や評価の共有を渋る
コントロールを失うことへの恐れ

さらに深く

「今日のテーマ」にあるリーダー・フォロワー間のEGO問題を見直し、各学習段階でリーダーとして、またはフォロワーとしてのあなた自身のEGO問題上位3つを選び出してください。

新人段階の私が直面するEGO問題トップスリー

学習者／新人のEGO問題　　　　　　　*教師／リーダーのEGO問題*

1. _____　　_____
2. _____　　_____
3. _____　　_____

練習生段階の私が直面するEGO問題トップスリー

学習者／練習生のEGO問題　　　　　　*教師／リーダーのEGO問題*

1. _____　　_____
2. _____　　_____
3. _____　　_____

修了生段階の私が直面するEGO問題トップスリー

学習者／修了生のEGO問題　　　　　　*教師／リーダーのEGO問題*

1. _____　　_____
2. _____　　_____
3. _____　　_____

指導者／教師段階の私が直面するEGOトップスリー

学習者／指導者のEGO問題　　　　　*教師／リーダーのEGO問題*

1. _____　　_____
2. _____　　_____
3. _____　　_____

　リーダーとして、またはフォロワーとして、それぞれの段階で繰り返し出てくるEGO問題は何ですか？　これらを改善するのに、どのようなステップが取れますか？

_____
_____
_____

 ## キーコンセプト

- リーダーとフォロワーは、自分たちの関係性の中にEGOという潜在的な壁があることに気づき、その問題に対処する意思を持つことで、個人であるいは共に、この壁を乗り越えることができる。
- 人に仕えられるより仕えることを希求することで、リーダーとフォロワーの両者が、より重要な目的を大切に守る機会に恵まれる。

今日の熟考ポイント

　イエス様に従う私たちが躊躇なく使えるリソースのひとつに、アドバイザーや案内人として、私たちの人生に積極的に関わってくださる聖霊の存在があります。ヨハネの福音書14:26で、イエス様は約束しています。「しかし、助け主、すなわち父がわたしの名によってお遣わしになる聖霊は、あなたがたにすべてのことを教え、また、わたしがあなたがたに話したすべてのことを思い起こさせてくださいます。」

　本書の付録に、新人から指導者／教師へ成長していく中で使える、リーダー、フォロワー両者のための様々なお祈りが掲載されています。リーダーと学習者という状況に挑む時はいつでも、ここにある祈りを捧げることをお勧めしたいと思います。こうした祈りは大きな違いをもたらすでしょう！

目的から逸れない

　私たちが強調してきたように、たとえリーダーまたはフォロワー（学習者）としてのあなたが毎日仕えられるより仕えることに専念したとしても、あなたのEGOは、あなたがコースを踏み外し、利己にエネルギー注ぐことを待ち構えています。リーダーとして服従と従順を日々新たにし、それらを確実なものにするために必要な大切な習慣というものをイエス様はお持ちでした。本書第2週でその習慣について学びましたから、その箇所を見てください。

▶ 次のステップ

リーダーとフォロワーがお互いに対して恐れを抱いている時に1番起こりやすい事象はどんなことでしょう？　あなたが目撃したり経験したりした例を挙げてください。

_____
_____
_____
_____

フォロワーとして、そういう状況から恐れを取り除くには、どんなステップを踏むことができたでしょうか？

_____
_____
_____

リーダーとしては？

_____
_____
_____

第5週
第5日 | 5

「ごめんなさい」が持つ力

今日の引用
「みんながもっと頻繁に使うべき2つの言葉があります。それは、世界を変えられるかもしれないから。ありがとう、そして、ごめんなさい。」

ドロシー・ブランチャード（ケン・ブランチャードの母）

今日の御言葉
「しかし、我に返ったとき彼は、こう言った。『父のところには、パンのあり余っている雇い人が大ぜいいるではないか。それなのに、私はここで、飢え死にしそうだ。立って、父のところに行って、こう言おう。「お父さん。私は天に対して罪を犯し、またあなたの前に罪を犯しました。もう私は、あなたの子と呼ばれる資格はありません。雇い人のひとりにしてください。」』こうして彼は立ち上がって、自分の父のもとに行った。ところが、まだ家までは遠かったのに、父親は彼を見つけ、かわいそうに思い、走り寄って彼を抱き、口づけした。」（ルカの福音書15:17-20）

内省の時間
あなたが赦しを請わなければいけなかった時のことを説明してください。その経験で1番難しかったことは何ですか？

_____
_____
_____
_____
_____
_____

今日の祈り
　父なる神様、私は完成された人間ではなく、プライドや恐れのせいで間違いを犯しがちです。責任を取ることと謝ること、相手のどんな反応にも愛と謙虚さをもって受け入れ、私が作ってしまった傷が治るように求めることで、あなたとあなたの無条件の愛をたたえられるよう助けてください。イエス様の御名によって、アーメン！

 今日のテーマ
「ごめんなさい」が持つ力

　イエス様は「だから、あなたがたは、天の父が完全なように、完全でありなさい」（マタイの福音書5:48）と言われました。これはイエスが私たちに課した高い基準であり、この基準を満たせる人間は誰もいないことを覚えておかなければなりません。イエス様のように導くことを学んできて、それを実践に移す時、ミスは避けられません。批判や称賛に対するあなたの対応は、あなたの心の状態を明確に示します。あなたがどのように間違いを自覚しそれに対応するか。それもまた、あなたの心の指標なのです。

　放蕩息子のたとえ話は、心からの、本物の謝罪の中核を示す英知にあふれています。真の謝罪の第一歩は、他の誰かに悪影響を及ぼすような間違いをした事実を心から感じることです。放蕩息子のたとえ話では、彼が地上の父と天の父の双方にひどいことをしていると気がついた点に注目してください。プライドの高いリーダーが自身の不完全さに直面した時、一般的に見られる初期反応は否定と正当化でしょう。直面して見えてきたことが自分のセルフイメージに反して余りに痛々しく、直視することができなくて、現実から顔をそむけてしまうかも知れません。また、他の誰かや他の何かに、そうなった責任を押し付けるかも知れません。こうした反応を取る人には、少なくとも真実に立ち向かっている中での葛藤があります。こうした反応よりもさらに破滅的なのは、「それは大したことではない、間違いではなかった」と、自分に嘘をついてすべてをなかったことにする姿勢です。

　イエス様のように導く道を歩むと、自身の成長や自分がもたらした害についての意識が自然と高くなります。常に否定と正当化を繰り返す代わりに、寛容で、愛情深い神様に自分の過ちを徹底的に悔い改められるという事実がなければ、あなたはその重荷に耐えられないでしょう。

　あなたが不当に扱ってしまった人たちからの赦しは得られないかもしれませんが、祈りと悔い改めを通じて神様に赦しを請うことで、その人たちに対応しやすくなるはずです。

　周囲に責任感と当事者意識を持たせたい。そう思うイエス様のようなリーダーは、自らがその模範になることをいとわないはずです。たとえ話の放蕩息子は正気に返った後、家族の一員としての地位を放棄し、自分の過ちの代償として召使いの役割を引き受けることをいとませんでした。自分が間違いを犯した時、イエス様のようなリーダーは、誠実さを失わず、信頼を築くために自ら進んでその責任を取る必要があります。

さらに深く

謝らなければならない事態に直面した時、あなたが1番よく取る反応はどれですか？

_____ 静かにして、誰も気づかないことを願う。

_____ 謝るのに適したタイミングを探すより、言い訳を練り上げることに時間をかける。

_____ 何か賞賛されることが起きて自分の間違いが帳消しになるまで、謝罪を避ける。

_____ 心からの謝罪をすることに高い優先順位を置き、早急に謝る。

キーコンセプト

- 謝罪の初めに常にあるのは、悪いことをしたと気づき、その事実を受け入れることである。

- あなたが不当に扱ってしまった人たちからの赦しは得られないかもしれないが、祈り悔い改めを通じて神様に赦しを請うことで、その人たちに対応しやすくなる。

今日の熟考ポイント

誰かを赦す前に、どのような条件が満たされる必要がありますか？　神様はあなたを赦す時に、どのような条件を課されましたか？

_____
_____
_____
_____

　イエス様は「もし人の罪を赦すなら、あなたがたの天の父もあなたがたを赦してくださいます。しかし、人を赦さないなら、あなたがたの父もあなたがたの罪をお赦しになりません」（マタイの福音書6:14-15）と言いました。あなたはイエス様を信じますか？　もし、そうであれば、対応しなければならない問題や人間関係はありますか？

_____
_____
_____
_____

▶ 次のステップ

誰かがあなたに対して謝罪した時の例を挙げてください。あなたはどのように感じましたか？ その謝罪は、その人との関係性にどう影響しましたか？

_____
_____

あなたが謝らなければいけない人はいますか？ その人に話をする時に伝えたいポイントを下記に書いてください。ポイントが書けたら、謝罪を実行するために、その人と会う約束をしてください。

_____
_____

第6週

有能なリーダーの行動習慣

今週の暗唱聖句

「それゆえ、神に選ばれた者、聖なる、愛されている者として、あなたがたは深い同情心、慈愛、謙遜、柔和、寛容を身に着けなさい。互いに忍び合い、だれかがほかの人に不満を抱くことがあっても、互いに赦し合いなさい。主があなたがたを赦してくださったように、あなたがたもそうしなさい。そして、これらすべての上に、愛を着けなさい。愛は結びの帯として完全なものです。」

(コロサイ人への手紙3:12-14)

イエス様との関係性の中で私たちは内側から変えられて行きます。このような変化がない限り、人々を導くあなたのスタイルに変化は生まれません。イエス様に従うことなく、イエス様のように導くことはできないのです。

第2週では、1人でいること、祈ること、聖書を知り適用すること、支え合う人間関係を保つことを含む精神的な習慣について学びました。

今週は、私たちが日々導き、影響を与える中で、正しい心を持つ人物であることから、正しい行動をする人物へと私たちを動かす「行動習慣」に焦点をあてます。私たちが注目する行動習慣は以下の通りです。

- 神様に従うこと、神様の愛を表現すること
- 恵み
- 赦し
- 励まし
- コミュニティ

イエス様の例に倣って人を導くには、単なる御言葉の「聞き手」ではなく、御言葉の「実行者」にならなければなりません。そのためには、ヤコブの手紙1:22で推奨されている習慣を実践する必要があります。私たちのリーダーシップをイエス様のようにするため、イエス様の人々との交流に見られる特徴的な5つの習慣を見ていきましょう。

第6週

第1日 | 1 •

神様に従う習慣、神様の愛を示す習慣

今日の引用

「もし、あなたの心が神を愛し、神に従おうとするならば、あなたはどこにでも神を見る。」[1]

A. W. トーザー

今日の御言葉

「たとい、私が人の異言や、御使いの異言で話しても、愛がないなら、やかましいどらや、うるさいシンバルと同じです。また、たとい私が預言の賜物を持っており、またあらゆる奥義とあらゆる知識とに通じ、また、山を動かすほどの完全な信仰を持っていても、愛がないなら、何の値打ちもありません。また、たとい私が持っている物の全部を貧しい人たちに分け与え、また私のからだを焼かれるために渡しても、愛がなければ、何の役にも立ちません。」（コリント人への手紙第一13:1-3）

御言葉を通し、「愛しなさい」という神様の召しを受けていることは、神様に従うすべての人に明確です。最も主要な2つの戒めは、自らのすべてをもって神様を愛すること、そして自分を愛するように周りの人を愛することです。コリント人への手紙第一13:1-3が思い起こさせるように、愛がなければ、私たちは無益であり、何も得られません。イエス様のように愛することなく、イエス様のように導くことはできません。

内省の時間

愛を実践するか？ それとも、大衆受けの良い簡単なあるいは当たり障りのない言動を取るか？ このような選択に迫られた時のことを思い出してください。あなたはどちらを選びましたか？ それを後押しするものは何でしたか？

_____

_____

今日の祈り

神様があなたを愛してくださるのと同じように、あなたも周りの人を愛することができるよう、神様の助けを祈ってください。周囲に対し、神様からの無条件の愛をより効果的に示す機会が与えられるよう、祈ってください。

今日のテーマ
神様に従う習慣、神様の愛を示す習慣

「リーダーシップと愛に、一体何の関係があるのですか？」と、よく聞かれます。一言で言えば「すべて」です。特にイエス様に倣うリーダーにとって、愛はリーダーシップのコアバリューです。そのようなリーダーにとって、自分の影響力が及ぶすべての状況において「ここで最も愛ある行動は何だろう？」ということが課題になります。どんな状況においても、リーダーとして愛ある方法で対応する選択肢はあるのです。ほとんどの場合、それは、最も簡単な選択肢ではありませんが。

愛を実践するには、時にはあなたのプライドや恐れを手放し、スタッフに仕事を任せるという難しい選択をしなければならないこともあるでしょう。リーダーとして、こうした会話を避けることも時にはありますが、愛の実践には、誰かの成長の一助として真理を語ることが求められるのです。また、誰かに対する愛を1番強く表現する方法として、その人を自由にしてあげるというケースもあるでしょう。

スタッフの誰かを辞めさせることでさえ、リーダーとして、恵み、尊厳、寛容さ、そして、もちろん愛をもって行うよう努めなければいけません。また、家族を導く時も「最も愛ある行動とは何だろう？」と自問する必要があります。私たちは自分が1番愛する人々よりも、赤の他人をより愛し、彼らにより優しくし、より思いやりを持つことがあります。家庭内で愛にあふれた環境を作れば、愛ある人が育ちます。実際、リーダーとしての影響下のすべての側面において、愛、恵み、思いやりの環境を作らなくてはいけません。

神様の子である私たちは、神様の愛の中で「愛に根ざし、愛に基礎を置いている」（エペソ人への手紙3:17）のです。神様が最初に私たちを愛してくださいました。そして、私たちの罪のために十字架で死なれるためにイエス様を地上に送ることで、神様は私たちへの愛を表現されました。これこそが愛です！

私たちは、自分が受け取ったものを周囲に与えることができます。ですから、神様の愛を受けた私たちは、その愛を周りの人にシェアできるのです。そして、神様の愛の力はすべてを変えます。そのような愛は、私たち人間からは生まれません。それは、自らを犠牲にしてでも、周囲のために良いことを求める種類の愛だからです。それは、人々が置かれた現状から神様が望む場所に彼らが進む手助けをするという、コミットメントのある愛だからです。この愛は大胆に真実を語らせ、同時に相手の手を優しく握らせます。どうすれば、こんなふうに人々を愛せるのでしょうか？　もう一度言いますが、私たちにはできません。しかし、あなたが神様にお委ねすれば、あなたを通して、神様がそのような人々を愛してくださるのです。

ではここで、イエス様の愛がどのようにペテロを変えたかを見ていきましょう。

イエス様はペテロに「私を愛するか？」と尋ねました。この質問は、今でもあなたの家庭や職場に響き渡っています。この質問に対するあなたの真の答えが、あなたの言動のすべてです。ペテロと同じように、私たちは、イエス様が私たちの誠実さを疑うような理由をイエス様に与えています。私たちはみんな不十分な存在なのです。

ヨハネの福音書21:15-19を読んで、ペテロが自身の愛をイエス様に証明した様子を、下記に書いてください。

「彼らが食事を済ませたとき、イエスはシモン・ペテロに言われた。『ヨハネの子シモン。あなたは、この人たち以上に、わたしを愛しますか。』ペテロはイエスに言った。『はい。主よ。私があなたを愛することは、あなたがご存じです。』イエスは彼に言われた。『わたしの小羊を飼いなさい。』イエスは再び彼に言われた。『ヨハネの子シモン。あ

なたはわたしを愛しますか。』ペテロはイエスに言った。『はい。主よ。私があなたを愛することは、あなたがご存じです。』イエスは彼に言われた。『わたしの羊を牧しなさい。』イエスは三度ペテロに言われた。『ヨハネの子シモン。あなたはわたしを愛しますか。』ペテロは、イエスが三度『あなたはわたしを愛しますか』と言われたので、心を痛めてイエスに言った。『主よ。あなたはいっさいのことをご存じです。あなたは、私があなたを愛することを知っておいでになります。』イエスは彼に言われた。『わたしの羊を飼いなさい。まことに、まことに、あなたに告げます。あなたは若かった時には、自分で帯を締めて、自分の歩きたい所を歩きました。しかし年をとると、あなたは自分の手を伸ばし、ほかの人があなたに帯をさせて、あなたの行きたくない所に連れて行きます。』これは、ペテロがどのような死に方をして、神の栄光を現すかを示して、言われたことであった。こうお話になってから、ペテロに言われた。『わたしに従いなさい。』」

　イエス様の羊を愛するのに足りるほど、あなたはイエス様を愛していますか？　イエス様はペテロに、イエス様を恐れているか、尊敬しているか、敬服しているか、とは尋ねませんでした。イエス様はただ、自分に従う人々の人生の中に、自分を愛していることを示す証拠を見ようとしていました。すなわち、周囲に対するあなたの態度は、イエス様に対するあなたの態度。そう考えると、ちょっと怖いですね。

　この24時間であなたが接した人のことを考えてください。その人たちに対するあなたの対応が、あなたのイエス様への愛を反映するのだとしたら、あなたはイエス様をどれくらい愛していますか？

　_____ 虫歯治療よりは愛している。

　_____ ラッシュアワーの交通渋滞よりは愛している。

　_____ お気に入りのテレビ番組よりは愛している。

　_____ 強烈にイエス様を愛している。

さらに深く

　地上において無条件の愛を最も素晴らしく表現しているのは、おそらく、子供に対する両親の愛です。私たちのセミナーで、子供を持つ人々に「子供たちを愛している方？」と挙手をお願いすると、全員の手が挙がります。そして「子供たちを愛するのは子供が成功した時だけ、という方は？」と尋ねると、全員の手が下がります。

　あなたは自分の子供を無条件で愛していますね？　しかし、人間関係の中には、私たちに条件付きの愛を教える者がいて、私たちを壊し、傷つけたまま放っておかれています。そのような経験は、天の父との関係にも影響を及ぼします。

　しかし、神様の愛は他のどのような愛とも異なります。下記の神様の約束を読み、空欄にあなたの名前を記入して、その約束をあなただけの約束にしてみてください。

＿＿＿＿＿＿、私はあなたを名前で知っています。

　　　＿＿＿＿＿＿、私は永遠の愛で、あなたを愛しています。

　　　＿＿＿＿＿＿、私にはあなたのための素晴らしい計画があります。

　　　＿＿＿＿＿＿、何も私の愛からあなたを引き離すことはできません。

　数分間、あなたの疑いを横に置いて、自分は、全能の神様によって無条件に愛されているという事実を100％受け入れると考えてみてください。このような愛は、自分の力で手に入れることはできないこと、あなたはそれを受けるに値せず、そこに何かを付け加えることも、またそれを失うこともできないという事実を受け入れてください。

　もし、あなたに対する神様の愛に絶対的な自信を持って生きていたならば、どんなふうに違う行動や選択をしましたか？

_____

_____

　周囲と関わる中で、彼らに神様の愛を示すためにあなたがひとつだけ変更できることがあるとすれば、それは何ですか？

_____

_____

次のステップ

　自分が受けるに値しない時でも、神様は無条件の愛を惜しむことなく与えてくださっている……。そのことを実感できるすべての事柄について思いを巡らせながら、1週間を過ごしてください。毎朝数分間、神様の愛に感謝し、神様と同じように周りの人を愛することができるよう、神様からの励ましを祈り求めましょう。

第6週
第2日 | 2 ••

恵みの習慣

今日の引用

「個人の尊厳を侵害することなく、あるいはキリストを信じて救われるという個人の決断の自発性を貶めることなく、聖霊を通し、頑迷で反抗的で不信仰な人間の思いを、情熱的で従順な信仰に満ちた意志へと神が変えられることは、恵みにある栄光であり、奇跡である。」[2]

サム・ストームズ

今日の御言葉

「律法が入って来たのは、違反が増し加わるためです。しかし、罪の増し加わるところには、恵みも満ちあふれました。それは、罪が死によって支配したように、恵みが、私たちの主イエス・キリストにより、義の賜物によって支配し、永遠のいのちを得させるためなのです。」（ローマ人への手紙5:20-21）

内省の時間

恵みとは、「受ける資格がないのに、手にすることができるもの」と定義されています。誰かがあなたに恵みの手を伸ばしてくれた時のことを思い出してください。それは、あなたにどのような影響を与えましたか？

_____
_____
_____
_____

今日の祈り

王なる神様。受け取る資格がない時でさえ、私に恵みの手を伸ばしてくださることに心から感謝します。私の罪をとがめず、数え切れないほどのセカンド・チャンスを認めてくださることに感謝します。私の人生の中で、まずは私があなたの恵みを受け入れない限り、私が周囲に恵みの手を伸ばすことはできないということを、心から認めます。周囲に恵みの手を伸ばす前に、彼らを批判してしまうことばかりの自分を、ここに告白します。あわれみとは、周囲からの批判に打ち勝つということ。私にあなたの恵みが必要であると同時に、人々にもそれが必要であるということを覚えていられるよう、どうぞ助け導いてください。特に、それを受け取る資格のない人たちに対して、私があなたの恵みを惜しみなく与える使者になれるようにしてください。あなたと同じ目線で、私が周囲の人々を見られるように助けてください。イエス様の御名において、アーメン。

今日のテーマ
恵みの習慣

誰かを赦さないままでいるという状況が続いた場合、その影響を受けるのは、その相手と自分だけだと思うかもしれません。しかしその赦さない思いが私たちの心に根を張り、痛みや苦しみの思いが育ち、実際にはすべての人間関係に影響を与えてしまうのです。同じように、今この瞬間を楽しむことなく過去にとらわれることを選ぶ時、それは、私たちが影響を与える人々にも影を落とします。恵みと赦しはワンツー・パンチです。赦しはスポンジケーキであり、恵みは過去や罪を覆うデコレーションであると言われます。恵みとは、「受ける資格がないのに、手にすることができるもの」と定義されています。そして私たちは、それが真実だと知っています。「あなたがたは、恵みのゆえに、信仰によって救われたのです。それは、自分自身から出たことではなく、神からの賜物です。行いによるのではありません。だれも誇ることのないためです。」（エペソ人への手紙2:8-9）

恵みなしでは、私たちはどんな状況に立たされるでしょう？　私たちはみんな、問題を抱えることでしょう。聖書は「そのためには、あなたがたはよく監督して、だれも神の恵みから落ちる者がないように、また、苦い根が芽を出して悩ましたり、これによって多くの人が汚されたりすることのないように」（ヘブル人への手紙12:15）と勧めています。リーダーである私たちは、家族、教会、組織へ恵みを与える存在です。私たちは各自のレベルを理解し、彼らが最善を尽くしていると信じるという恵みの手を伸ばすことができるのです。恵みの手を確実に差し伸ばすこと、恵みという方法で人々を導くことが、私たちに託されています。これまで、あなたが恵みを必要としたことがあったなら、恵みの持つ力はよく理解していますね。批判や罰を受けるべき時に代わりに恵みを受け取ることは信じ難く、また説明し難いことです。ローマ人への手紙5:20-21は、恵みについてこう言っています。

「律法が入って来たのは、違反が増し加わるためです。しかし、罪の増し加わるところには、恵みも満ちあふれました。それは、罪が死によって支配したように、恵みが、私たちの主イエス・キリストにより、義の賜物によって支配し、永遠のいのちを得させるためなのです。」

人々の罪が増し加わるにつれ、神様の恵みがより豊かになるというのは信じがたいことです。ローマ人への手紙の後半では自明とも言えるやり取りがあります。「それでは、どういうことになりますか。恵みが増し加わるために、私たちは罪の中にとどまるべきでしょうか。絶対にそんなことはありません。罪に対して死んだ私たちが、どうして、なおもその中に生きていられるでしょう」（6:1-2）。恵みのお陰で、私たちは周囲とは違う人間になれたのです。私たちは過去の自分に戻りたくありません。ですから、私たちは受けた恵みに対して、悪行を続けるのではなく、より良くなりたいという思いで応えるのです。

　周囲を不愉快にさせるような振る舞いをしてしまった後、あなたを愛する誰かが恵みをもって応えてくれたことがありますか？　そのようにされた自分は、自分が取った間違った言動以上の、とんでもなくひどい人間だと感じませんでしたか？　このような恵みによって、私たちがそして、私たちの間違った行いが止められるならば、それほど理想的なことはありません。

さらに深く

　時間をかけて、私たちに差し伸べてくださっている神様の恵みを説明した下記の聖句についてよく考えてください。

　「そのころは、それらの罪の中にあってこの世の流れに従い、空中の権威を持つ支配者として今も不従順の子らの中に働いている霊に従って、歩んでいました。私たちもみな、かつては不従順の子らの中にあって、自分の肉の欲の中に生き、肉と心の望むままを行い、ほかの人たちと同じように、生まれながら御怒りを受けるべき子らでした。しかし、あわれみ豊かな神は、私たちを愛してくださったその大きな愛のゆえに、罪過の中に死んでいたこの私たちをキリストとともに生かし、──あなたがたが救われたのは、ただ恵みによるのです──キリスト・イエスにおいて、ともによみがえらせ、ともに天の所にすわらせてくださいました。それは、あとに来る世々において、このすぐれて豊かな御恵みを、キリスト・イエスにおいて私たちに賜る慈愛によって明らかにお示しになるためでした。あなたがたは、恵みのゆえに、信仰によって救われたのです。それは、自分自身から出たことではなく、神からの賜物です。行いによるのではありません。だれも誇ることのないためです。私たちは神の作品であって、良い行いをするためにキリスト・イエスにあって造られたのです。神は、私たちが良い行いに歩むように、その良い行いをもあらかじめ備えてくださったのです。」（エペソ人への手紙2:2-10）

　神様の恵みを受け入れる前、人間はどのような状態でしたか？

―――――――――――――――――――――――――――――――
―――――――――――――――――――――――――――――――

　神様はなぜ、あなたに恵みを差し伸べてくださっているのですか？　その動機は何ですか？

―――――――――――――――――――――――――――――――
―――――――――――――――――――――――――――――――

周囲に恵みを差し伸べることに、あなたはどのくらい熱心ですか？
_____
_____

周囲に恵みを差し伸べることからあなたを遠ざけるものは何ですか？
_____
_____

 キーコンセプト
- 恵みとは愛の実践であり、周囲との親睦を深めるもの。
- 周囲に恵みを差し伸べられるようになるには、神様の恵みを受け入れることが必須条件である。
- 罪によって神様から遠ざかっていても、神様の恵みはあふれている。神の恵みは私たちを変える。
- 私たちは人々のレベルを理解し、彼らが最善を尽くしていると信じるという恵みの手を伸ばすことができる。
- 恵みの手を確実に差し伸ばすこと、恵みという方法で人々を導くことが、私たちに託されている。

 今日の熟考ポイント
リーダーとしてのあなたの影響下にいる誰かに恵みを差し伸べるということには、どういう意味がありますか？
_____

現在、あなたの人生の中で、恵みが必要な人はいますか？ その人に恵みを差し伸べることを妨げているものは何ですか？
_____
_____

 次のステップ
過去、あなたに恵みを差し伸べてくれた二人の名前を書き出してください。彼らの恵みの行動があなたにとってどんな意味を持っていたのかについて、その人たちに直接伝えるか、手紙で伝えるよう時間を取ってください。あなたの人生で恵みを必要とする人の名前を書き出してください。その人の所に行って、恵みを差し伸べてください。

第6週
第3日 | 3 •••

赦す習慣

今日の引用

「赦しとは意志の行いである。それは、心の温度に関係なく機能する。」[3]

コーリー・テン・ブーム

今日の御言葉

「もし人の罪を赦すなら、あなたがたの天の父もあなたがたを赦してくださいます。しかし、人を赦さないなら、あなたがたの父もあなたがたの罪をお赦しになりません。」（マタイの福音書6:14-15）

今日の御言葉を読んで、下記の空欄を埋めてください。

1. 神様の赦しを受けるのは、私が ＿＿＿＿＿＿＿＿＿＿＿＿＿＿＿＿ な時です。
2. 周りの人たちを赦すことを拒んだ時、神様は ＿＿＿＿＿＿＿＿＿＿＿＿＿＿＿＿＿＿＿＿＿＿＿＿＿＿＿＿＿＿＿＿＿＿。

内省の時間

人間としては、赦すことは不可能です。しかし、御言葉は、自分に罪を犯した人たちを赦す必要について明確に語っています。私たちの天の父にとって、赦すことの優先順位がこのように高いのはなぜでしょうか？

＿＿
＿＿
＿＿

今日の祈り

父なる神様、私にとって赦すことは難しいことだと認めます。しかし、私たちの心に聖霊様がいてくださるので、私たちにはあなたの赦す力があります。どうぞ、遺恨を持たず、彼らを自由に赦せるよう助け導いてください。そうすることで、周囲との平穏な交わりを楽しめますように。イエス様の御名によって、アーメン！

今日のテーマ
赦しの習慣

　この地球上にいるすべての人が、他人の言動によって傷つけられた経験を持っていることでしょう。傷つく経験は、信頼が損なわれることから人間関係の崩壊まで、様々な形でやってきます。共同経営者からの妨害、配偶者の不倫、家族の誰かが他の家族をあなたに対立させる、教会のメンバーによる批判、愛する人から受ける暴行、誰かがあなたの愛する人を傷つける……。それでも、イエス様に従う者として、私たちは赦さなければならないと教えられています。

　ここで明確にしておきましょう。赦すということは、何か起こったことを否定するという意味ではありません。誰かがあなたを傷つけた、この現実を極小化したり正当化したりするべきではないし、そうしてはいけないのです。しかし、あなたに対して行われた行動に対する責任を免責することなく、赦しの手を伸ばすことはできます。ここが神様の出番です。あなたと神様の間には深い関係があり、だからこそ、あなたは赦そうという気持ちが持てるのです。このような気持ちの中で、赦しの手を伸ばす力を見出せるのです。

　人を育て、その人の成長の手助けを望むリーダーとして、私たちには赦し、変化、前進という健全性のある能力が必要になります。すぐに結果を求めるタイプのリーダーは、完璧とは言えない努力を失敗と見なし、すぐに批判したり却下したりします。しかし、赦しの道は私たちから始まらなくてはいけません。イエス様とは違い、リーダーとしての旅路で百点満点に届く人間は誰もいません。避けられたかもしれないミスをすることもあります。瞬発的な、思いつきの言動を後悔することもあります。もし私たちが自分の成果や周囲の意見に固執していたら、自分の足りないことを赦せないのはもちろん、他人を赦すことは絶対にできません。それでも、十字架上でこう嘆かれた時、イエス様は見本とするべき赦しに対する高い基準を見せられました。「父よ。彼らをお赦しください。彼らは、何をしているのか自分でわからないのです。」
（ルカの福音書23:34）

　イエス様のように導くために必要な心の態度を持っているかどうかをテストする方法のひとつは、フォロワーが、自分の期待に沿った成果が出せなかった時に、どのような対応をするかを見ることです。個人の仕事ぶりが自分の期待に近いけれども完全ではないという場合、単にその人物が、学習段階の一過程にあることを覚えておきましょう。それは、常に完全に仕事をできるようになるために必要なプロセスなのです。だからこそ、「人の成長を褒めること」が肝要なコンセプトなのです。赦しは、傷つけられたり失望したりすることに対する自然な反応ではありません。赦しは、自分自身、自分の計画、意志、人生を神様に委ねた人、そして自分に与えられた赦しの手を他者にも伸ばすと決めた人の、超自然的な反応なのです。

　イエス様は弟子たちに赦しを教え、自分を裏切った人を赦し、十字架での死に関わった人たちを喜んで赦されました。

さらに深く

リーダー人生の主軸を赦しにするには、どうすれば良いのでしょうか？

赦しには、様々な形があります。神様に罪を告白すると、神様の赦しが私たちの人生に注がれ、罪悪感と羞恥心から解放され、イエス様のように生きるよう造り変えられ、力が与えられます。私たちが他人を赦す能力は正にここ——神様の赦しのギフトを個人的に受け取ったこと——から流れ出るのです。簡単に言えば、赦しは赦しを生むのです。赦しにより、私たちに対して悪いことをした人たちを解放する自分を、徐々に見出すことでしょう。そうすることで、そのような人たちは、あふれ出る神様の恵みと赦しを体験します。あなたが傷つけられた時、傷つけ返す権利を諦めてください。代わりに、彼らを赦し、彼らのために祈り、イエス様にある新しい創造物として歩むよう彼らを力づけてみてください。

周囲の人を赦さなければいけない下記の4つの理由について熟考し、あなたの考えを書いてください。

1. 赦しは痛みを終わらせ、痛みを手放せるよう、私たちを整えてくれます。あなたが痛みを手放せず、赦せないでいる、未だ追体験している苦痛に満ちた瞬間とは、どういったものですか？

    _____

    _____

2. 赦しは私たちの人格を形成し、私たちを強い人間にします。赦しの手を伸ばすことはどのような形で、あなたをより良いリーダーにしますか？

    _____

    _____

3. 赦しは苦痛に束縛された状態から、私たちを解放します。あなたの人生の中で苦しい気持ちのせいで前に進めなかった時のことを思い出してください。

    _____

    _____

4. 赦しは、私たちが神様の愛の手を周囲に伸ばせるようにしてくれます。あなたが導き、影響を与える人たちを赦すことは、あなたが神様の愛の管になることをどのように助けますか？

    _____

    _____

⭐ キーコンセプト

- イエス様のように導くために必要な心の態度を持っているかどうかをテストする方法のひとつは、フォロワーが、自分の期待に沿った成果が出せなかった時に、どのような対応をするかを見ることである。人を育て、その人の成長の手助けを望むリーダーとして、私たちには赦し、変化、前進という健全性のある能力が必要になる。

- 赦すことは復讐の権利を明け渡し、有罪人のリストから相手の名前を消し、その人の罪を十字架の元に置くこと。1981年に自身の暗殺を試みたジョン・ヒンクリーを赦したロナルド・レーガン元大統領に、この原理が見られる。ヒンクリーを赦すことは自身の回復に必要なことだった、と彼は娘に語っている。

- スタッフを赦せないという過ちは、リーダーとしてのあなたの能力をむしばんでいく。赦しがないままであれば、スタッフの成長、そして彼らがより高いレベルに到達するチャンスを失わせることになる。

- 自分を殺そうとする人たちに「父よ。彼らをお赦しください。彼らは、何をしているのか自分でわからないのです」（ルカの福音書23:34）と祈った時、イエス様は十字架上で究極の赦しの例を示した。この祈りは、後日エルサレムで数千人が五旬節（ペンテコステ）で救われた時に、答えられた（使徒の働き2:41）。

💡 今日の熟考ポイント

ここで明確にしておきましょう。赦すということは、起こったことを否定するという意味ではありません。誰かがあなたを傷つけた、この現実を極小化したり正当化したりするべきではないし、そうしてはいけないのです。しかし、あなたに対して行われた行動に対する責任を免責することなく、赦しの手を伸ばすことはできます。ここが神様の出番です。あなたと神様の間には深い関係があり、だからこそ、あなたは赦そうという気持ちが持てるのです。このような気持ちの中で、赦しの手を伸ばす力を見出せるのです。

「父よ。彼らをお赦しください。彼らは、何をしているのか自分でわからないのです」（ルカの福音書23:34）と祈った時、イエス様は十字架上で究極の赦しの例を示されたのです。

▶ 次のステップ

自分がどのように傷つけられたのか。その経験を元に自分の人生を定義する作業をまだしていますか？　それは、なぜですか？　その束縛から解放されるために何ができますか？

_____

_____

_____

あなたをがっかりさせた人との間に建設的な関係を取り戻そうとする時、誰を赦す必要がありますか？

_____

_____

赦しに関する今日の学びを通して、あなた自身のことについては、何を学びましたか？

_____

_____

第6週

第4日 | 4

励ます習慣

今日の引用

「あなたの行動が、誰かにもっと夢を与え、もっと学ばせ、もっと行動させ、もっと達成させるよう奮い立たせているのであれば、あなたはリーダーだ。」
　　　　　　　　　　　　　　第6代米国大統領　ジョン・クインシー・アダムス

今日の御言葉

「どうか、私たちの主イエス・キリストと、私たちの父なる神、すなわち、私たちを愛し、恵みによって永遠の慰めとすばらしい望みとを与えてくださった方ご自身が、あらゆる良いわざとことばとに進むよう、あなたがたの心を慰め、強めてくださいますように。」（テサロニケ人への手紙第二2:16-17）

ギリシヤ語の「励ます」という言葉が新約聖書に105回も出てくるのを知っていますか？　イエス様にとって、お互いを励ますことはとても大事なことだったに違いありません。励ましとは誰かを気分良くさせるために、その人を褒めたりたたえることだったりと勘違いされることが時々あります。励ましはそれ以上のことです。励ましとはサポートの提供、自信を持つことへの促し、そして周囲の人の中に良いものを育てる手助けなのです。

内省の時間

自分が励まされた時のことを考えてください。その瞬間がとても意味あることだったのはなぜでしょうか？

_____

_____

_____

_____

今日の祈り

天のお父様、いつも変わりなく励ましてくださっていることに感謝します。人生の歩みの中で、導き、指導してくださるあなたの手を見出し、そのすべてに感謝します。周囲のニーズに気づき、私の言動を通してその人を励ませるよう助けてください。イエス様の愛おしい御名において、アーメン！

今日のテーマ
励ます習慣

すでに本書で述べましたが、Chick-fil-Aの創設者トレット・キャシーは、「誰に励ましが必要か？　息をするすべての人だ！」と、よく言っていたそうです。こうした心からの励ましを受けた瞬間に、私たちの人生は変化します。

あなた自身の人生から、その瞬間を思い出してください。上司があなたの仕事を評価してくれた、プロジェクト完了時に「良くやった」と言われた、あなたの変化に誰かが気づき、褒めてくれた……。励ましを受けたその瞬間に、私たちの観点が変わります。イエス様は「わたしは決してあなたを離れず、また、あなたを捨てない」（ヘブル人への手紙13:5）という言葉、弟子たちが希望を持って生きられるような言葉を使って、昔も今も、常に人々を励まされています。

励ましは言葉で表現されること多いですが、痛みも同じく言葉によって引き起こされます。聖書は、話す言葉に注意深くなるよう、私たちに警告しています。「死と生とは舌に支配される」（箴言18:21）。私たちはこれが真実だと知っています。大人になってもなお、母親からの言葉に傷ついていたり、父親の期待に応えられるよう苦労したりしているというのは、よくある話です。クオーターバック（訳者注：アメフトの花形ポジション）になった、あるいは学芸会の主役になったのに、両親は試合や芝居を観に来なかった、という人もいます。ただ単にそこにいて声援を送ることも、励ましに成り得るのです。

傷ついたリーダーの中には、イエス様のように導くことが難しい人がいます。自分に自信がない人にとって、称賛や励ましによって他者に自信をつけさせる作業が難しいということに、私たちは気づきました。自分に十分な自信がないと、人を励ますことはできません。自分に自信があって初めて、周りの人の中に良いものを見出したり、気づいたことを言葉にしたりして励ませるのです。言葉は、その人の心からあふれ出るものなのです（ルカの福音書6:45）。

人を励ますなんて、大したことではない。あなたはそう思うかもしれません。しかし励ましの力は、誰かの一日を——または、その人の人生までをも——瞬時に変えてしまうものです。励ましは、私たちが影響を与える人たちが神様の愛を経験する手助けとして、効果的な方法です。ケン・ブランチャードは言います。もし、この世で願うことがひとつあるとしたら、それは人々が自分こそが正しいという考えを捨て、その代わり、お互いがお互いの正しい行動を見つけることにフォーカスすることだ。イエス様のように導くことを望むリーダーとして、私たちは励ましの力を広める存在になるべきです。

さらに深く

バルナバ（励ましの子という意味の名前）は、人々のニーズに合わせて彼らを成長させる賜物を持ったサーバント・リーダーでした。パウロが回心した直後に彼を支持してくれる人々が必要だった時、バルナバはパウロとエルサレムのリーダーたちの間を仲立ちしました。パウロとマルコと呼ばれているヨハネが不仲になった時、バルナバはマルコの素質を信じ、コーチの役割を買って出ました。バルナバの影響力により、キリスト教は福音の届く範囲を広げた、素晴らしい力のある、パウロというリーダーを得ました。バルナバの影響力によって、実効性の高い伝道を語れるところまで、マルコは回復しました。

あなたが導く人たちに対し、どうすればあなたはバルナバのようになれますか？
_____
_____

誰かがあなたのために仲裁に入ったり、弁護したりしてくれた時のことを思い出せますか？ その時、どのように感じましたか？
_____
_____

ニーズに合わせてその人を励ますことは、なぜリーダーにとって大切なのでしょうか？
_____
_____

どのような励ましの言葉をもっと聞きたかったですか？
_____
_____

 キーコンセプト

- 世界中の人が、励ましを必要としている。誰に会っても、どこへ行っても、良い時も悪い時も、その仕事に合った個人的な励ましは、常に強力なリーダーシップに利益をもたらす。

- 家庭でも、教会でも、ボランティア団体でも、会社でも、注意を受けるよりも励ましを受ける方が、より強いインパクトとなる。

- 人は、励まされる時に成長する。励まされる時に学ぶ。励まされる時にひとつとなる。励まされる時に物事にチャレンジしようとする。

- イエス様の励ましは、弟子たちをひとつにし、彼らの成長を促した。（マタイの福音書4:18-22）

- イエス様の励ましにより、恐れる男が水の上を歩いた（マタイの福音書14:25-33）。
- イエス様の励ましは、彼に従う者たちが前進し続けるよう――今日も――勇気を与えてくれる（マタイの福音書28:19-20）。

今日の熟考ポイント

励ましの5大要素は、将来への希望、明確な神様への信仰、すべてを包みこむ愛、常に捧げられる祈り、思い切った行動だと想像してください。こうした要素を使って、あなたは誰を励ますことができますか？

次のステップ

あなたからの励ましの言葉や行動を必要とする人を何人か挙げてください。それぞれの人は、具体的に何を必要としていますか？ あなたはいつ、その必要を満たしてあげられますか？

_____

_____

あなたのリーダーシップ下にいる人たちで励ましを必要としていると分かっている2人の名前を書いてください。そして、その人たちに関する個人的な思いを書いてください。このメモから初めて、それを毎週の習慣にすることをぜひ考えてみてください！

_____

_____

第6週
第5日 | 5 •••••

コミュニティの習慣

今日の引用
「コミュニティの中で生きることは、神のアイディア…」⁴
　　ケン・ブランチャード、フィル・ホッジズ、フィリス・ヘネシー・ハルバーソン

今日の御言葉
「どうか、忍耐と励ましの神が、あなたがたを、キリスト・イエスにふさわしく、互いに同じ思いを持つようにしてくださいますように。それは、あなたがたが、心を一つにし、声を合わせて、私たちの主イエス・キリストの父なる神をほめたたえるためです。」（ローマ人への手紙15:5-6）

内省の時間
　オスカー賞、エミー賞、またはESPY賞（訳者注：スポーツ専門番組主催のスポーツ・パフォーマンスの年間最優秀選手賞）等の授賞式を観たことがあるなら、ステージ上でスピーチをする受賞者を見たことがありますよね。受賞者たちは艶やかな装いで、冒頭から観客を笑わせるようなスピーチをするような人もいれば、そこに至るまでの苦労を感動的に語る人もいます。

　しかし、こうしたスピーチのほぼすべてに共通する点があります。それは、夢をかなえるのを助けてくれた人たちへの感謝です。心理的にも物理的にも、自分の成功には周りの人たちとの関係が重要だったと、彼らは分かっているからです。自分に心から正直になれば、自分を育て、責任感を育んでくれる質の良い人間関係やコミュニティが必要だと分かります。では、イエス様のように導きたいと切望するリーダーにとって、こうした関係はどのようであるべきでしょうか？

_____
_____
_____

今日の祈り

イエス様。あなたが私たちを造られたのは、あなたと、そして人間同士が関係を持つためです。あなたが行ったように、周りの人を大切にし、感謝できるよう助けてください。お互いの価値を高められるような人々を、私に送ってください。イエス様の御名によって、アーメン！

今日のテーマ
コミュニティの習慣

恵み、赦し、励ましなどの行動習慣は、コミュニティという状況下で花開きます。そのコミュニティがあなたの家庭でも、教会のサポートグループでも、職業上の仕事のグループでも同じです。私たちは1人で生きるべきではありません。神様は人が1人でいるのは良くないと思い、一緒にいるために女を造られました。創世記1:27-28には、こう書いてあります。

> 「神は人をご自身のかたちとして創造された。神のかたちとして彼を創造し、男と女とに彼らを創造された。神は彼らを祝福された。神は彼らに仰せられた。『生めよ。ふえよ。地を満たせ。地を従えよ。海の魚、空の鳥、地をはうすべての生き物を支配せよ。』」

私たちがコミュニティの中で生きることは神様のアイディアであり、神様はそのコミュニティを築くための最善の指示を与えられました。聖書の中核テーマのひとつは、神様が王である神様の御国です。ジョン・オートバーグは「イエス様が来て教えた福音は何ですか？」という問いをよく投げかけ、マタイ、マルコ、ルカ、ヨハネ、使徒の働き等の様々な聖句の中から、イエス様が「神の国は近くなった」（マルコの福音書1:15）と宣言した箇所を用いて、それに答えています。聖書は「神の国とその義とをまず第一に求めなさい」（マタイの福音書6:33）と、私たちに教えているのです。

あなたの信仰は、あなたを天国へ連れて行きますが、あなたの働きは、天国を地上へもたらします。イエス様のようなリーダーは、地上のコミュニティに天国をもたらしたいと切望します。リーダーとして、私たち自身が、互いに愛し合い（ヨハネの福音書13:34）、互いに赦し合い（コロサイ人への手紙3:13）、人を自分よりすぐれた者とする（ピリピ人への手紙2:3-4）という模範になるべきです。私たちは、互いに教えまた訓戒し（コロサイ人への手紙3:16）、互いに慰め合い（テサロニケ人への手紙第一5:11）、お互いのために祈り（ヤコブの手紙5:16）、互いに重荷を負い合う（ガラテヤ人への手紙4:32）べきなのです。私たちは、キリストに対する畏れの心をもって、互いに仕え合い（エペソ人への手紙5:21）、愛をもって互いにいつくしみ（ローマ人への手紙12:10）、互いに情け深く、あわれみ深く（エペソ人への手紙4:32）、互いにもてなし合う（ペテロの手紙第一4:9）べきなのです。イエス様のように導きたいと切望するリーダーは「わたしがあなたがたを愛したように、あなたがたも互いに愛し合うこと」（ヨハネの福音書15:12）という神様の戒めを自分のものとし、周囲にも互いに愛し合うことを教えます。

組織、教会、家庭など、私たちはコミュニティの中に生きています。弟子たちとの生活を通し、イエス様はコミュニティで生きることの模範を示されました。イエス様はコミュニティの使命とビジョンを設定し、そして弟子たちに「あなたがたは行って、あらゆる国の人々を弟子としなさい」（マタイの福音書28:19）という未来図を与えら

れました。イエス様は、弟子たちからの信頼を築き上げました。そして弟子たちによって何よりも重要だったのは、イエス様を信じられるということを学んだことです。また、イエス様が弟子たちに力を与えられたことにより、コミュニティが築き上げられました。人々がリーダーを信頼すること、それだけでなく、彼らが自分はリーダーから信じられていると感じ、権限を与えられると、組織は発展します。相互信頼は健全なコミュニティの基礎ですが、長い時間をかけなければ構築されません。

さらに深く

有益な人間関係やつながりの強いコミュニティを構築するには、人々が集まり、同じ時間を共有する以上のことが必要です。そこでは、グループの中で透明性と真実性を確保しようとする意図とその働きが持続的に行われることが求められます。イエス様に従う者としてお互いをより良くすることを目指し、私たちが正直に、互いに愛をもって真理を語る時（エペソ人への手紙4:14-16）にしか成長は起こりません。

あなたにとって、人間関係はどれくらい大切ですか？

___

あなたは意図的に、周囲と有益な関係を築こうとしていますか？　具体例を挙げてください。

1. ___
2. ___
3. ___

行動によって人間関係を構築し、持続・維持することの大切さについて、イエス様が伝えたことは何だったと思いますか？

___

リーダーが人間関係やコミュニティを無視すると、その人のリーダーシップ、そしてリーダーとしての成功の能力に、どのように影響すると思いますか？

___

キーコンセプト

- 有益でしっかりと構築されたコミュニティの完璧な例はイエス様にあり、それ以外の場所から探す必要はない。イエス様は関わった人たち全員をそのままの姿 —— 神様のかたちに創造された、唯一の 真なる神様の貴重な創造物 ——として受け止められた。

- イエス様は非常に注意深く、自分と長く時間を過ごす人たちを選んだ。そして地上にいる間、自分の傍らで共に歩み、喜びや試練を分かち合い、やがてはご自身の聖職を遂行する（使徒の働き1:1-8）ことに信頼のおける12人の男性を自分の周りに置いた。何の目的もなく、彼らを選び出したのではない。イエス様は深い信仰をもって、神様の王国を共に築く人たちを探したのである。

- 愛し合うコミュニティには境界線があり、そのカルチャー内で受け入れられることとそうでないことがはっきりしている。それと同時に、そのようなコミュニティは、メンバーの創造力を刺激する。

 今日の熟考ポイント

　　自分の周りに正直な人を置くと、自分の真の姿を見せつけられます。自分は恵みをもってリードしているだろうか？　自分の態度はイエス様の姿を反映しているだろうか？自分のしていることは機能しているだろうか、それとも再判断すべきだろうか？　一緒にリーダーとして働いてくれる人たちを、どうやって集めたら良いだろう？　ざっくばらんに、正直に話をしてくれる人たちのいるコミュニティに身を置くと、自分自身の最良の部分と最悪の部分に直面することになります。このような人間関係が堅実かつ強固に築き上げられた時、よりイエス様に近づこうとするリーダーのポジティブな成長が促されます。あなたの人生の中で、真実を語れる人の名前を挙げることはできますか？

_____

_____

_____

 次のステップ

　　今日、心からへりくだった心で、周囲に奉仕できる方法をいくつか考えてください。下の空欄に、奉仕しようと思う人の名前と、どのようにその人に奉仕するのかを書いてください。

付録

祈り

新人の祈り

お父様、新しいことを学ぶこのチャンスに感謝します！　先生の指示に従うことで、あなたの栄光を称えるよう努力します。ですから、先生にとって教えやすい生徒となり、このプロセスに臨めるように助けてください。自分自身と先生に対し、寛大でいられるよう助けてください。物事が明確でない時に、質問する勇気をお与えください。初めて何かにトライする自分が周囲に少し滑稽に見えても、それを恐れない勇気をお与えください。主なるイエス様、自分のプライドを抑えられるよう助けてください。そうすれば、自分の知らないことをしっかりと学ぶことができます。神様からの指示を受けている時、あなたは従順でした。同じように、私も従順でいられるようにお助けください。そのようにして、私の知恵が成長しますように。また、他者に仕えることで、あなたに仕える能力が成長しますように。イエス様の御名によって、アーメン！

新人の祈り No. 2

お父様、今回の機会は楽しみにしていたものでも、ワクワクするものでもありませんが、私はここに置かれています。そしてあなたはそのことをご存じです。主よ、この機会が私の忍耐と恵みを成長させ、あなたが与えてくださる強さを証しするチャンスであると私が受け止められるよう、助けてください。

主なるイエス様、与えられた仕事に新しい意味を見出せるように助けてください。あなたがこの地上で仕事について学び、努力されたように、すべての行いは神様のご栄光のためであることを忘れないでいられるよう、お助けください。私の心に語りかけ、新しい歌を私の口に置いてください。その中でも特に、この荒れ狂う嵐のただ中であなたを信じることを教えてください。あなたが私の前を進んでくださること、暗い夜には私を抱きかかえてくださることを知っています。私の信頼をあなたに置きます。イエス様の力強い御名において、アーメン！

練習生の祈り

主よ、新しい仕事について学んでいますが、思った以上に大変であることが発覚しました！　今頃はもう、今以上のことを知っていて、今以上のことが自力でできると思っていました。神様、失敗したくありません。答えを知っているはずの質問をして、愚鈍に見られたくありません。この先、状況が厳しくなっても、すべてのことは簡単にはいかないこと、先生にとって教えやすい生徒でいるのは自分の責任であることを私が受け入れるよう、助けてください。自分の考えにフォーカスできるように助け、私から不安を取り除いてください。忍耐と赦しの心をもって、どうすればこの仕事を正しく行えるか、どうすれば新しく学んだことを忘れず、素早く適用できるのかを教えてください。イエス様の御名によって、アーメン！

練習生の祈り No. 2

　主よ、この仕事は思った以上に大変です。自分には素質がないのかも知れません。しかし、あなたが私をこの場所へ連れてこられたことに間違いはないこと、あなたが私を信じてくださっていることを知っています。私も私自身を信じられるように助けてください！　正しい心と精神をもってこの課題に取り組み、できる限りのことを学びたいと思っています。私から恐れや間違ったプライドを取り除き、学んでいる時にも周囲に仕えられるようにしてください。私を通して、彼らがあなたを見ることができますように。そのために、私の心を落ち着かせ、この仕事を上手にできるよう、助けてください。イエス様の御名によって、アーメン！

修了生の祈り

　お父様、私個人の努力によって、質の高い結果を生み出せるところまで、スキルを磨くことができました。ここに到達できるよう、あなたが置いてくださった先生や経験に感謝します。主よ、私の仕事がプロジェクトの中で機能していること、またその仕事の意義にワクワクできていることに感謝します。なぜなら、しばらく仕事に打ち込んだ後に、熱意や興奮を失ったり、自分や周りの人を責めたりすることは、よく起きるからです。主よ、正しい　魂を私の中に取り戻させてください。改めて、目的意識を持つことができるよう助けてください。あなたが私にくださった才能、賜物、チャンスを活かす力を取り戻せるよう、助けてください。学習段階にいる人たちの励みになれるよう、彼らの良い模範となり、あなたの証人（あかしびと）になれるよう、私を助けてください。イエス様の御名によって、アーメン。

修了生の祈り No. 2

　主よ、ここからどこに行ったらいいのか分かりません。私のせいで起きた失敗や間違いのせいで、自信やひらめきを失ってしまいました。安全地帯から歩み出て、他者を指導することやリーダーとして行動することに、前向きになれません。主よ、あなたは私を丘の上の光になるよう、ここに置かれました。知恵にあふれた助言を聞き、現状に100％正直になり、あなたの慈悲と恵みの羽の下でかつて享受した働きとコミットメントを取り戻すため、建設的に一歩下がる勇気を持てるように、助けてください。イエス様の御名によって、アーメン。

指導者／教師の祈り

　主よ、あなたが私の前に置かれたこの役割や仕事の中で、その指導者へと成長する能力とチャンスを私に与え祝福してくださいました。私が成長する過程で、あなたは私と共に歩んでくださり、私がエキスパートになるために必要な謙遜と学ぶ姿勢を持ち続けるようにしてくださいました。主よ、私が人々の模範となり、また得た知識を共有しながら周囲に仕えることで、私が与えられたものを用い、活かせるように助けてください。主よ、私を訓練してくれた素晴らしい人々の存在、そしてあなたのおかげで今があることを、私がいつも覚えていられますように。私が奉仕する周囲の人々に誠実に、丹念に指導する忍耐力をお与えください。そして、専門知識があることに傲慢になったり、自己満足してしまったりする誘惑を避ける忍耐力をお与えください。イエス様の御名によって、アーメン。

指導者／教師の祈り No. 2

　主よ、このような仕事に新しく取り組む人々を教え、導き、彼らに仕えることに私が疲れたり、弱ったりしてしまうことをあなたはご存じです。この作業に再び取り組むには、あなたの強さ、ご性質、忍耐強さが必要です。私が仕えるのはあなたですから、この作業の中にあるあなたの報いに目を向けられるよう、私を助けてください。新人の熱意を育てたり、練習生の不安を鎮めたりすることができる私にしてください。彼らの質問や悩みに喜んで対応する根気をお与えください。不満の気持ちではなく、彼らひとりひとりとその状況に対する愛と思いやりが詰まった気持ちを見せることができるようお助けください。私に与えられた「指導者／教師」という肩書から、私自身の指導者／教師であり王であるイエス様を思い起こすことができますように！　イエス様の御名によって、アーメン。

新人の指導者の祈り

　お父様、今日私は新人に挨拶します。基本的には、彼らは新しい課題にワクワクしていて、学ぶ気持ちにあふれている人々です。仕事についてすでに多少の知識がある人、全く知識がない人、自分では分かっているつもりだけれど間違った仕事をする人もいます。彼らに対応する時、お父様、どうぞあなたがそうされたように、ひとりひとりを愛せる雅量をお与えください。自分が新人だった頃のことを思い出し、彼らの恐れに敏感でいられるように、また、この新しい仕事や役割を学ぶのに彼らが欠けていることに敏感でいられるよう助けてください。教える仕事のひとつひとつについて考える時、彼らに必要なことに気づく知恵と明確な考えをお与えください。ひとりひとりにとって、私のプレゼンが意味あるもので、そのことで彼らが学ぶことができるようにお助けください。質問をされた私の顔が、そのことに対する考えではなく、あなたを表しますように。とりわけ、彼らが私の中にあなたの影を見ますように。イエス様の御名によって、アーメン。

練習生を育てる人の祈り

　お父様、今日私が訓練を請け負った人々の学びの旅路で、引き続き彼らを導きます。ここまで、彼らは未熟な新人から、少しずつ訓練を終えた練習生へと進歩して来ました。この新しい仕事が予想以上に難しいと気づいた人がほとんどです。自分自身に、私に、そしてすべての学びのステップに、不満と落胆の声を上げる人もいます。一方で、自信過剰で十分に準備ができていないのに次に進みたがるせっかちな人もいます。神様、今日彼らに挨拶する時、私には忍耐と知恵が必要です。個別のニーズに敏感であり続けられるよう、お助けください。励ましが必要な人もいるでしょう。彼らの進歩に気づき、それを称賛できるように助けてください。彼らの中には、当初の成功で肥大化したプライドをいさめられる必要がある人もいるでしょう。彼らが、まだ学ぶことがあるという意識を持つことができますように。忍耐強く、しかし毅然といられるようお助けください。スキル、清高さ、知恵を持って新しい仕事を誠実に教え、準備ができていない人に仕事を任せることがないように。お父さま。これは、他者に教える機会というだけでなく、私自身の経験が育まれる機会ですから、感謝します。そう言えるのは、私がイエス様の方途に従う中で、そのことが実感できるからです。イエス様の御名によって、アーメン。

修了生の指導者の祈り

　お父様、今日は修了生のニーズに応えることを求められました。彼らは、どうすれば良い仕事ができるかを知っており、1人で仕事をこなせる人物として信頼できると証明されている人々です。私に求められているのは、彼らが新しい環境の中でしっかりと仕事ができるよう、より重要な意義や目的を改めて見出せるように助けること、そして彼らを励ますことです。もしかすると、それは停滞気味で、自身の能力に疑問を持って苦しんでいる誰かを元気づけることかもしれません。お父さま。語るに遅く、アドバイスに遅く、分かり切った解決方法の提案に遅くいられるよう、お助けください。忍耐強く、理解力を持てるように助けてください。私の考えと行動を導き、私が助けようとしている人たちが、自分自身の知識や経験に励まされ、将来のための有益な選択ができるようにしてください。イエス様の御名に おいて、アーメン。

指導者／教師を任命する人の祈り

　主よ、何と素晴らしい時でしょう！　私がその学びを導いてきた人たちが、独り立ちに向け備えられ、発奮しています。それだけでなく、他者に仕え、他者を教えることにも備えられ、発奮しています。彼らが私の手に委ねられたしばしの間、私は自分の知識を誠実に彼らに分け与え、そのことによって彼らも私も成長しました。彼らは私から学びを得ました。私も、同じくらい、彼らから学びを得ました。お父様、私は彼らの学ぶ姿勢に感謝し、彼らの成長に自信を持っています。このような思いと共に、学びを終えた彼らを送り出すことができるように助けてください。あなたが宣教のために弟子たちを送り出した時、あなたはいつも彼らの側にいると約束されました。私も、同じ約束と共に彼らを送り出せるよう、助けてください。主よ、心のどこかで、彼らを送り出したくない自分がいます。彼らの中には困難を経験する人もいるでしょうし、報労を受ける人もいるでしょう。他の人より働かなくてはいけない人もいるでしょうし、他の人よりも楽に過ごせる人もいるでしょう。彼らひとりひとりが、あなたのかたちに造られたかけがえのない人です。それぞれを祝福してください。イエス様の御名によって、アーメン。

参考文献

はじめに

1. Matthew HenryによるWhole Bibleの解説に触発された。

第1週

1. *Lead Like Jesus Revisited*, 14, 15.
2. *Lead Like Jesus*, 19. 許可を得て適用。
3. *Lead Like Jesus Revisited*, 39.
4. Tozer, A. W., *The Knowledge of the Holy: The Attributes of God: Their Meaning in the Christian Life*, 1st gift ed. (New York: HarperSanFrancisco, 1992), 1.
5. Kelly, Bob, *Worth Repeating* (Grand Rapids: Kregel, 2003), 97.
6. Ibid, 62.
7. Blanchard, Ken and Peale, Norman Vincent, *The Power of Ethical Management*.
8. Smith, Fred, *You and Your Network*.

第2週

1. billygraham.org/story/why-easter-matters-10-billy-graham-quotes.
2. Kelly, Bob, *Worth Repeating* (Grand Rapids: Kregel, 2003), 276.
3. Ibid, 97.
4. *Lead Like Jesus Revisited*, 100.
5. Kelly, Bob, *Worth Repeating* (Grand Rapids: Kregel, 2003), 144.
6. *Lead Like Jesus Revisited*, 115, 116.

第3週

1. *Lead Like Jesus*, 85.
2. *Lead Like Jesus Revisited*, 286.
3. Maxwell, John C., *Your Road Map for Success Workbook: You Can Get There from Here* (Nashville: Thomas Nelson, 2002).
4. The Ken Blanchard Companiesによって提供されたSituational Self-Leadership programからSusan Fowlerがこの工程を開発した。詳しくは、www.kenblanchard.comを参照。

5. Jones, Laurie Beth, *The Path, Creating Your own Mission Statement for Work and Life* (New York: Hyperion Press, 1996), 3.
6. *Lead Like Jesus Revisited*, 156.

第4週

1. *Lead Like Jesus*, 121. 許可を得て適用。
2. DePree, Max, *Leadership is an Art* (Crown Business Reprint, 2004), 100.
3. *Lead Like Jesus Revisited*, 173.
4. Kelly, Bob, *Worth Repeating* (Grand Rapids: Kregel, 2003), 37.
5. Ibid, 210.
6. Ibid, 123.

第5週

1. Kelly, Bob, *Worth Repeating* (Grand Rapids: Kregel, 2003), 334.
2. *Lead Like Jesus Revisited*, 200.
3. Ibid, 208.

第6週

1. Tozer, A.W., *The Pursuit of God*, 55.
2. Order of Salvation, November 8, 2006, www.enjoyinggodministries.com. 許可を得て使用。
3. ten Boom, Corrie, *The Hiding Place*, 1974.
4. *Lead Like Jesus Revisited*, 232.

著者紹介

ケン・ブランチャード（KEN BLANCHARD） リーダーシップの研究分野において、世界で最も影響力のある専門家の1人。優れた講演者・著述家で『新1分間マネージャー：部下を成長させる3つの秘訣』を含む60冊以上の本を共同執筆している。著書は、42言語に翻訳され、総売り上げ数は2,100万部を超える。

トップクラスの国際トレーニング・コンサルタント会社「ケン・ブランチャード・カンパニー」の共同設立者（妻のマギーと共に創設）。効率的なリーダーシップの理念の指導を何年も重ねた後、聖書の学びを開始。その中で、イエス様があらゆる側面で完璧に人々を導き、成功しそうにない12人の一般人をクリスチャン・リーダーの第一世代へと変換させた様子、また世界史の流れに2000年以上影響を与え続ける活動を起動させた様子に魅了された。イエス様のリーダーシップのモデルに触発され、生涯の友であるフィル・ホッジズと、「リード・ライク・ジーザス　グローバル・ミニストリー」を共同設立。

フィル・ホッジズ（PHIL HODGES） フィル・ホッジズは、ゼロックス・コーポレーションやU.S.スチール社の人事や労使関係のマネージャーとして37年間の経験を持つ。1997年にケン・ブランチャード・カンパニーのコンサルティング・パートナーとなり、そこでリーダーシップやカスタマーサービスに関する問題に取り組んだ。1999年に友人であるブランチャードと「リード・ライク・ジーザス　リーダーシップ・ミニストリー」を共同設立した。

ビジネス界を歩む信仰を持つ男女をサポートすることに加え、ホッジズは効率的なリーダーシップ原理を教会に導入することへ意欲的に活動し、地元教会長老会のメンバー・会長として10年以上奉仕した。ホッジズは5冊の本を共同執筆しその内2冊は友人であるケン・ブランチャードとの共筆である（『Lead Like Jesus: Lessons from the Greatest Leadership Role Model of All Time』『Lead Like Jesus for Churches』）。フィルは夫、父、祖父のライフロールを生き抜くことに大きな喜びを見出している。妻のジェーンと共に南カリフォルニアに在住。

**フィリス・ヘネシー・ハルバーソン（PHYLLIS HENNECY HALVERSON）** フィリス・ヘネシー・ハルバーソンは、「リード・ライク・ジーザス　グローバル・ミニストリー」の初代社長・CEOとして約19年勤務。基調講演者として多方面から依頼を受け、アメリカや世界を旅し、心からの実直で希望に満ちたメッセージを伝えている。ケン・ブランチャード、ジョン・オートバーグ、パトリック・レンシオーニ、ヘンリー・ブラッカビーなどの著名人と、講演を行った経験を持つ。教会集会、スモールグループ、一対一の集いなど小規模で個人的な集まりでの講演も好んで行っている。リード・ライク・ジーザス加入以前は、ジョージア州オーガスタ市にある米陸軍のパートナーの国立科学センター（National Science Center）で、軍や政府の高官と11年に渡り協働。フィリスの最大の望みは、人をイエス様とのさらに深い関係に導くこと。リード・ライク・ジーザスの働きを通じて、イエス様をリーダーシップのモデルとできるよう、世界中の人々を備え、彼らに自信を持たせ、イエス様を通して世界が永遠に変えられるよう、その手助けに奔走している。サウスカロライナ州のスパータンバーグ市在住。4人の子供たち、そして9人の孫と時間を楽しんでいる。

リード・ライク・ジーザスについて

LeadLikeJesus

1361 W Wade Hampton Blvd, Ste F-103 | Greer, SC 29650
800.383.6890 | LeadLikeJesus.com

私たちはみんな、アメリカのビジネス界で地位の特権を不当に使い、従業員や投資家に破滅をもたらすリーダーたちを見てきました。その一方で、発展途上国の国民はリーダーがいない状況で貧困と絶望に苦しんでいます。同時にアメリカ国内の教会では、伝道やミニストリーの働きは、高潔さに欠けるリーダーという危機的状況により、危険にさらされ窮地に陥っています。21世紀のリーダーシップの失敗と欠点と全く対照なところに、完璧なリーダーシップの手本であるイエス様がいます。

「リード・ライク・ジーザス」はリーダーシップのモデルが、あなたやあなたが影響を与える人たちが変わることを約束する、国際的なリーダーシップ開発団体です。私たちの団体で証明済みの方法論は、イエス様のモデルを基本に、リーダーが効率的に自身の影響圏内でインパクトを与える心の在り方を中心とした、斬新なリーダーシップに焦点をあてています。

リード・ライク・ジーザスでは、他のミニストリー、ビジネス、学校、家族関係、教会、非営利団体を運営するのではなく、こうした場所で活動する人たちを教え、そうすることで、神様の栄光を称えます。

リード・ライク・ジーザスは、他の団体や教えとどこが違うでしょう?

- **構想** スキルや知識が人の人格や高潔さに取って代わることはないと、私たちは信じています。イエス様のように導くことは私たちの心、頭、手、習慣の調節に係わることです。

- **定義** リーダーシップとは、周りの人の考え、行動、成長に影響を及ぼす時にいつでも起こることであると、私たちは信じています。

- **モデル** イエス様が史上最も有能なリーダーシップのモデルであると、私たちは信じています。そのため、私たちのリーダーシップ哲学はシンプルです。イエス様に従え。

次のステップをお探しですか？

CEOでも教師でも、牧師でも親でも、店主でも生徒でも——もし、あなたがイエス様のように導くことで周りの人に影響を与えたいと思うなら、リード・ライク・ジーザスの活動に参加し、あなたのリーダーシップ能力を広げることをお勧めします。リード・ライク・ジーザスでは、ティーンエージャーや若者だけではなく経験豊かな幹部のためのリーダーシップ構築の資料を提供しています。この資料はすべて、その人たちの生き方、愛し方、導き方が変わる手助けとなる一方、神様の愛を表すことをゴールとしています。

次ページの製品は下記のウェブサイトから購入できます。

www.LeadLikeJesus.com

SIGN UP TO RECEIVE THE
DEVOTIONALS, BLOGS AND PODCASTS
Subscribe to receive practical and inspirational content you can apply and share. Gain valuable insights from experienced leaders, and learn from both their successes and failures. Sign up at **LeadLikeJesus.com**

CONTINUE YOUR PERSONAL GROWTH BY PURCHASING
LLJ STUDY GUIDES
Containing personal reflections, memory verses, engaging discussion questions, practical applications and guidelines for creating your own leadership plan, these study guides are perfect for individuals and groups.

ENGAGE THE NEXT GENERATION THROUGH
ONLINE RESOURCES
Containing 12 character and leadership development lessons, Igniting Influence is ideal for individual and team leadership training. Every lesson contains insightful videos, Biblically driven discussion, practical case studies and life application. Individual and group access available.

PARTICIPATE IN A HIGH-IMPACT WORKSHOP
SCHEDULE AN ENCOUNTER
Packed with 10 hours of action-oriented learning followed by weekly online E-Lessons, Encounter is a highly interactive, participant-centered leadership development workshop that exposes common leadership misconceptions and offers a practical model based on the greatest leader role model of all time, Jesus. Perfect for team building.

INCREASE YOUR TEAM AND PERSONAL GROWTH
COACHING/CONSULTING
We help ministries, businesses, schools, churches and nonprofits thrive by showing those who lead them how to lead like Jesus. Using the proven model of Jesus, we facilitate culture transformation focused on: rebuilding trust, improved communication, clear mission and goals, and inspired and empowered employees. Contact us at solutions@LeadLikeJesus.com.

リード・ライク・ジーザス

—— 史上最高の模範的リーダーから学ぶ6週間スタディガイド

2024年11月15日　発行

著　者　　ケン・ブランチャード、フィル・ホッジズ、
　　　　　フィリス・ヘネシー・ハルバーソン

＊聖書 新改訳 ©2003 新日本聖書刊行会　許諾番号 3-1012-1

印刷製本　モリモト印刷株式会社

発　行　　LeadLikeJesus

発　売　　いのちのことば社
　　　　　〒164-0001 東京都中野区中野2-1-5
　　　　　　電話 03-5341-6924（編集）
　　　　　　　　 03-5341-6920（営業）
　　　　　　ＦＡＸ03-5341-6921
　　　　　　e-mail:support@wlpm.or.jp
　　　　　　http://www.wlpm.or.jp/

©2024 The Center for Faithwalk Leadership dba Lead Like Jesus
Printed in Japan
乱丁落丁はお取り替えします
ISBN 978-4-264-04512-0